爭座位稿

쟁좌위고

〈行草〉

霧林 金榮基

書藝文人畫

爭座衛稿 臨書本을 출간하면서

爭座衛稿는 AD 764년에 顔眞卿이 定襄郡王 郭英父에게 보낸 편지인데, 그 내용은 座位(官品)를 논한 것이라서 '論座位帖'이라고도 하며 '與郭僕射書'라고도 한다. 당시 尙書右僕射 定襄郡王이던 郭英父는 조정의 신임을 기화로 교만·사치하여 조정신하의 서열좌위까지 무시하고 안하무인격으로 행동하자 그의 비행을 점잖게 나무라고 반성을 촉구한 것이다. 이 爭座衛帖의 眞蹟은 宋代에 장안에 살던 安師文 집에서 발견되었다. 爭座衛稿는 158×81cm의 약 64行의 行草로 된 편지의 초고로서 宋代 安氏라는 사람에 의하여 石刻되었고 그 石刻은 現在 陝西省 西安 碑林에 보관되어 있다.

安眞卿은 唐代의 서예가로서 집안이 가난하여 종이와 붓이 없었으므로 담벽에다 황토로 연습하여 서예를 익혔다고 한다. 27세 때 진사에 급제한 이래 벼슬길에 나간 후에는 張旭에게 배워 서예에 더욱 진전이 있었으며, 관리생활을 하면서 유명한 石刻을 많이 보았다. 그는 평생동안 唐나라에 충성을 다하였고, 특히 安祿山의 반란에서 방비를 잘한 공로로 승진을 거듭하여 만년에는 태자를 교육하는 태자태사의 직위에까지 올랐다. 그는 75세의 노령임에도 불구하고, 반란군을 회유하러 적진으로 갔다가 붙잡혀 죽임을 당하였으므로 後唐에서는 그를 唐나라를 위하여 분골쇄신한 공신으로 충신의 반열에 올려 숭상했으므로 그의 인품과 더불어 그의 글씨 또한 각광을 받게 되었다. 그는 楷書·行書·草書에 모두 능했는데, 특별히 그의 楷書는 장엄하고도 웅장하여서 마치 단정한 선비를 보는 것 같은 느낌이라고 말한다. 그의 서체는 힘차면서도 변화무쌍하며, 스스로 독자적인 일파를 이루었으며, 후대의 柳公權, 黃庭堅, 董其昌, 何紹基 등에게 매우 큰 영향을 미쳤다.

爭座衛稿 臨書本은 書界의 重鎭이신 霧林 金榮基 先生께서 後學人들은 물론 書法을 연구하는 書家들에게 길잡이가 되고자 하는 뜻에서 출간하게 되었다. 霧林 先生의 혼신의 역작 爭座衛稿 臨書本이 한국서단 발전에 크게 기여하기를 바라 마지않는다.

2014년 12월
(주)서예문인화 대표 李 洪 淵

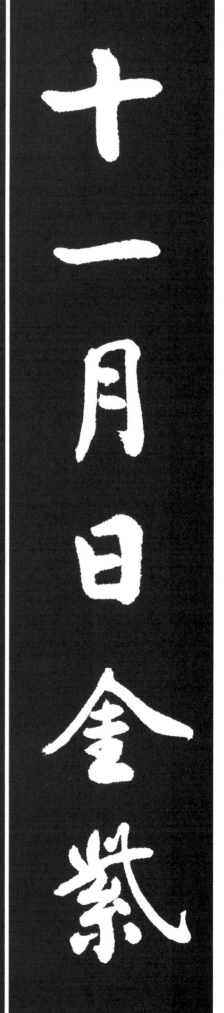

刑部尚書上柱　光祿大夫撿挍　十一月日金紫

國魯郡開國公顏眞卿謹奉寓書于右僕射定

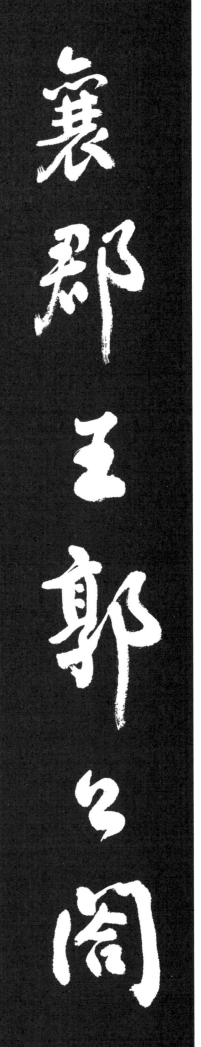

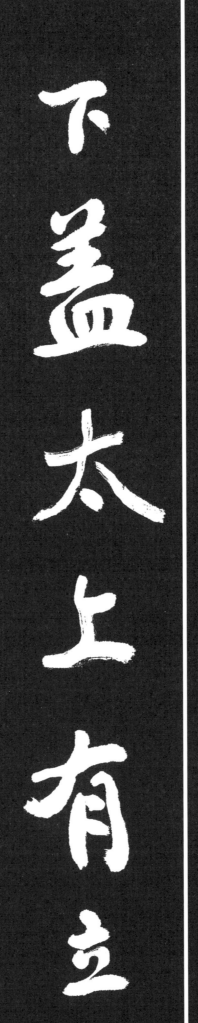

襄郡王郭公閤下蓋太上有立德其次有立功

襄 양 오를
郡 군 고을
王 왕 임금
郭 곽 성곽
公 공 벼슬
閤 합 샛문
下 하 아래
蓋 개 대개
太 태 클
上 상 위
有 유 있을
立 립 설립
德 덕 큰덕
其 기 그
次 차 버금
有 유 있을
立 립 설립
功 공 공

6

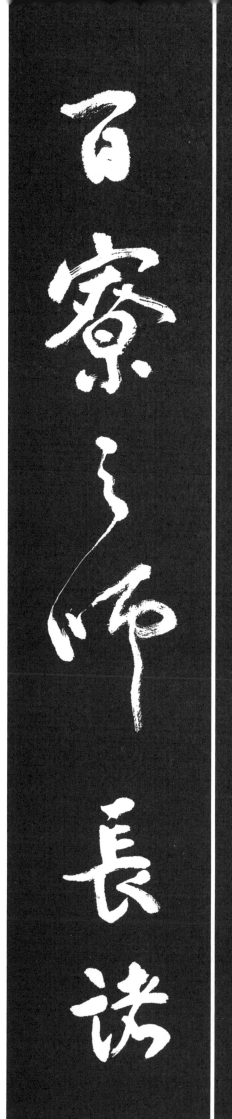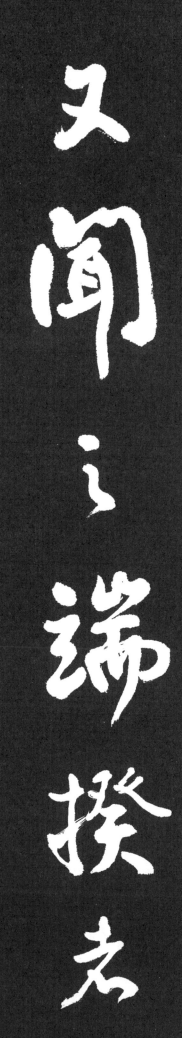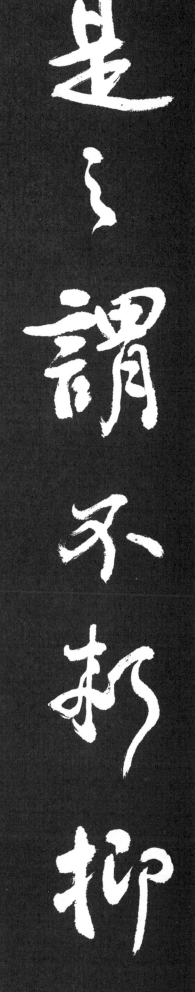

是之謂不朽抑又聞之端揆者百寮之師長諸

是 이 시
之 갈 지
謂 이를 위
不 아닐 불
朽 썩을 후
抑 누를 억
又 또 우
聞 들을 문
之 갈 지
端 바를 단
揆 헤아릴 규
者 놈 자
百 일백 백
寮 동관 료
之 갈 지
師 스승 사
長 우두머리 장
諸 여러 제

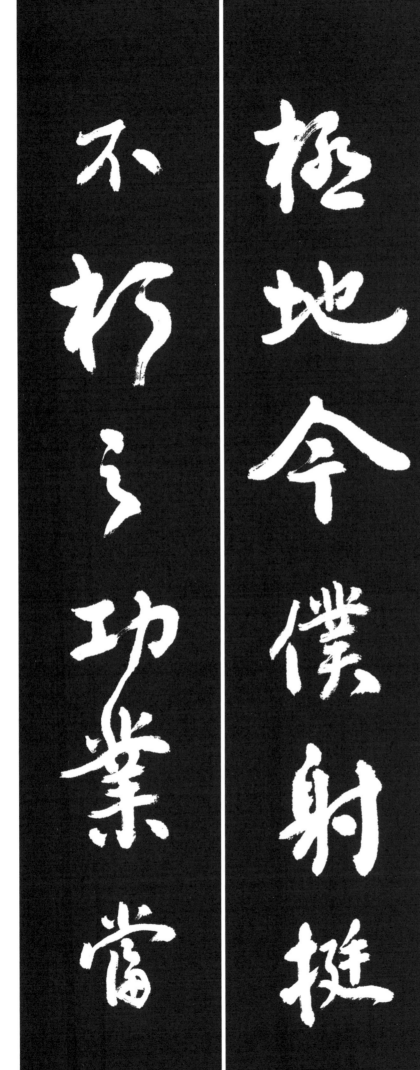

侯王者人臣之極地今僕射挺不朽之功業當

侯 재후 후
王 임금 왕
者 놈 자
人 사람 인
臣 신하 신
之 갈 지
極 끝 극
地 땅 지
今 이제 금
僕 종 복
射 벼슬 야
挺 빼어날 정
不 아닐 불
朽 썩을 후
之 갈 지
功 공 공
業 업 업
當 마땅할 당

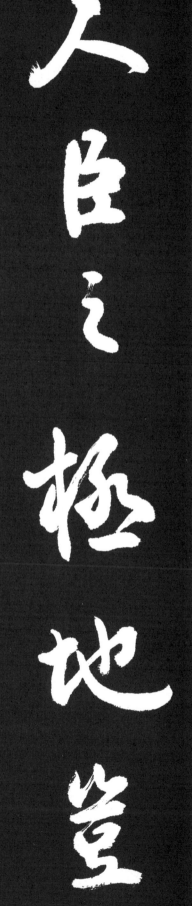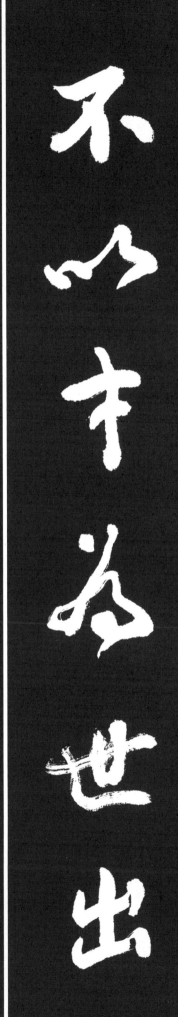

人 사람 인
臣 신하 신
之 갈 지
極 끝 극
地 땅 지
豈 어찌 기
不 아닐 불
以 써 이
才 재주 재
爲 할 위
世 인간 세
出 날 출
功 공 공
冠 갓 관
一 한 일
時 때 시
挫 꺾을 좌
思 생각할 사

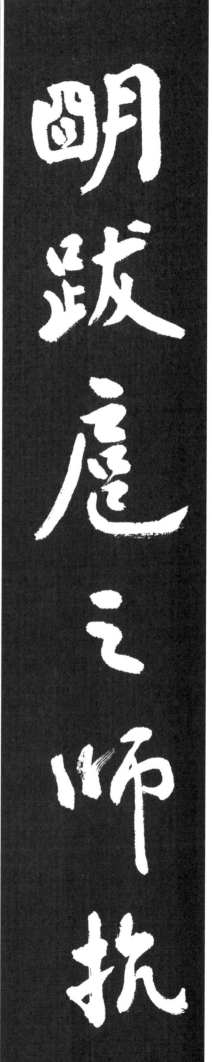

明 밝을 명
跋 밟을 발
扈 뒤따를 호
之 갈 지
師 스승 사
抗 대항할 항
廻 돌 회
紇 실끝 흘
無 없을 무
厭 싫을 염
之 갈 지
請 청할 청
故 연고 고
得 얻을 득
身 몸 신
畫 그림 화
凌 얼음 릉
煙 연기 연

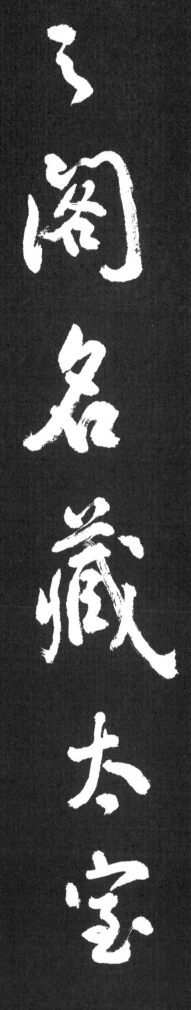
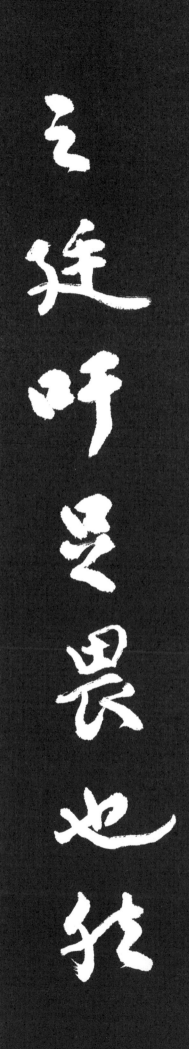

之 갈 지
閣 누각 각
名 이름 명
藏 감출 장
太 클 태
室 집 실
之 갈 지
廷 조정 정
吁 탄식할 우
足 족할 족
畏 두려워할 외
也 어조사 야
然 그럴 연
美 아름다울 미
則 곧 즉
美 아름다울 미
矣 어조사 의
然 그럴 연
而 말이을 이

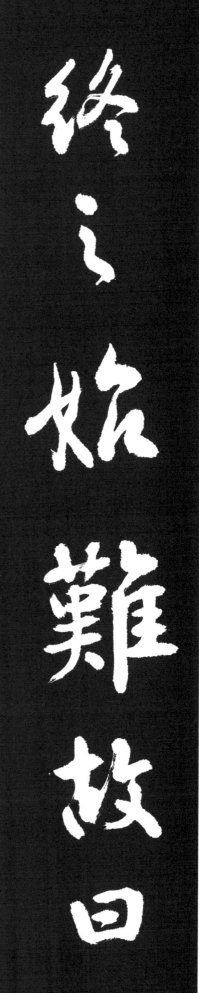

終 마칠 종
之 갈 지
始 처음 시
難 어려울 난
故 연고 고
曰 가로 왈
滿 찰 만
而 말이을 이
不 아닐 불
溢 넘칠 일
所 바 소
以 써 이
長 길 장
守 지킬 수
富 넉넉할 부
也 어조사 야
高 높을 고
而 말이을 이
不 아닐 불

危所以長守貴也可不儆懼乎書曰尔唯弗矜天

危 위험할 위
所 바 소
以 써 이
長 길 장
守 지킬 수
貴 귀할 귀
也 어조사 야
可 옳을 가
不 아닐 불
儆 경계할 경
懼 두려워할 구
乎 어조사 호
書 글 서
曰 가로 왈
尔 너 이
唯 오직 유
弗 아닐 불
矜 자랑할 긍
天 하늘 천

下莫與汝爭功爾唯不伐天下莫與汝爭能以齊

下 아래 하
莫 아닐 막
與 더불 여
汝 너 여
爭 다툴 쟁
功 공 공
爾 너 이
唯 오직 유
不 아닐 불
伐 자랑할 벌
天 하늘 천
下 아래 하
莫 아닐 막
與 더불 여
汝 너 여
爭 다툴 쟁
能 능할 능
以 써 이
齊 나라 제

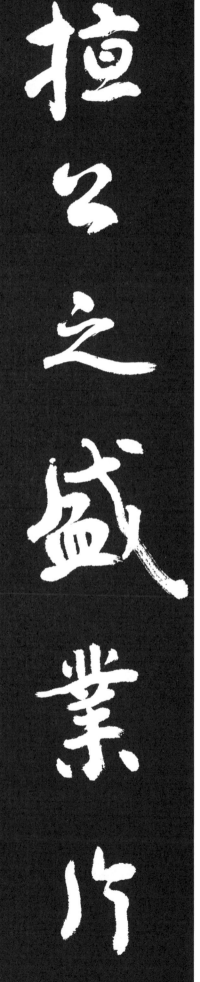

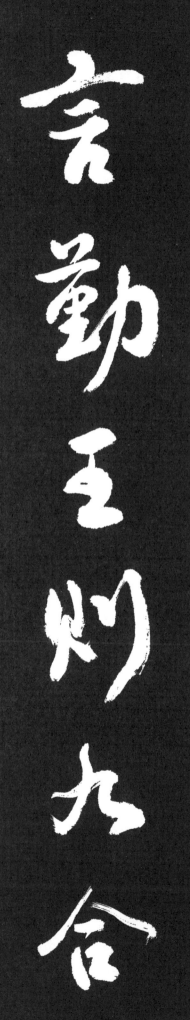

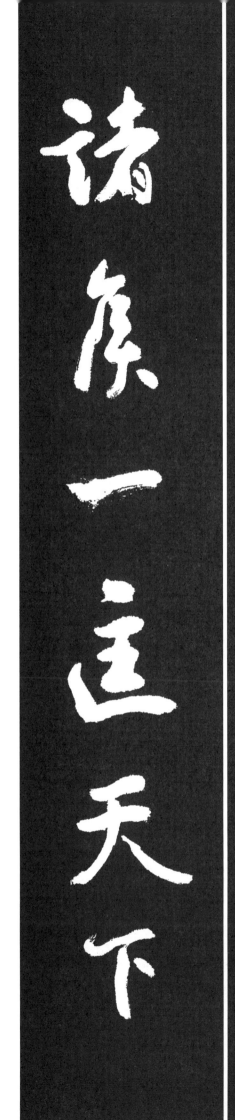

桓 군셀 환
公 벼슬 공
之 갈 지
盛 성할 성
業 업 업
片 조각 편
言 말씀 언
勤 부지런할 근
王 임금 왕
則 곧 즉
九 아홉 구
合 합할 합
諸 여러 제
侯 제후 후
一 한 일
匡 바를 광
天 하늘 천
下 아래 하

葵丘之會微有振矜而叛者九國故曰行百里者

葵	해바라기 규
丘	언덕 구
之	갈 지
會	모을 회
微	작을 미
有	있을 유
振	떨칠 진
矜	자랑할 긍
而	말이을 이
叛	배반할 반
者	놈 자
九	아홉 구
國	나라 국
故	연고 고
曰	가로 왈
行	다닐 행
百	일백 백
里	거리 리
者	놈 자

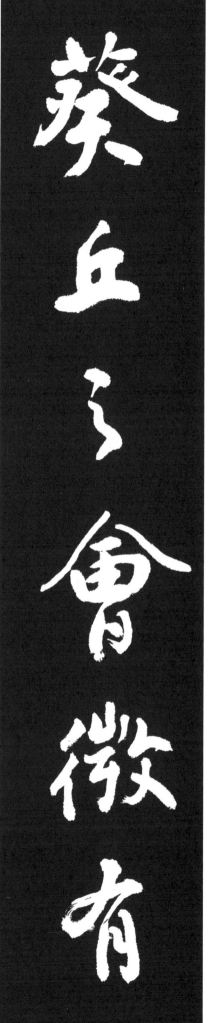

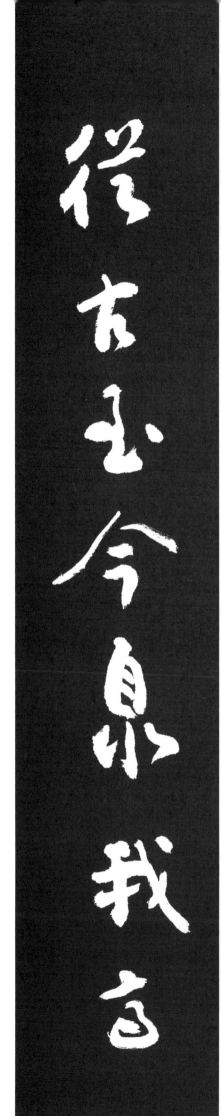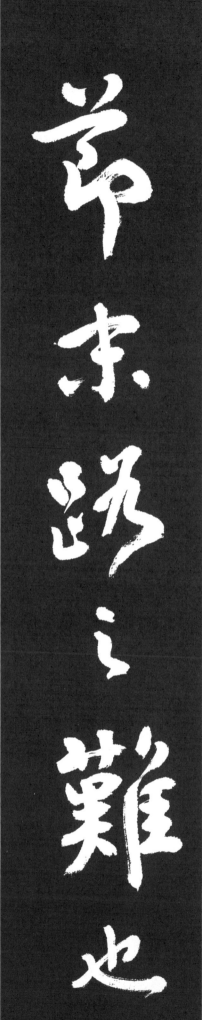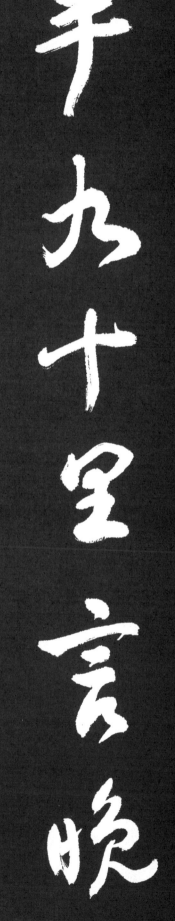

半九十里言晚節末路之難也從古至今梟我高

半 반반
九 아홉구
十 열십
里 거리리
言 말씀언
晚 늦을만
節 절기절
末 끝말
路 길로
之 갈지
難 어려울난
也 어조사야
從 좇을종
古 엣고
至 이를지
今 이제금
梟 다못기
我 나아
高 높을고

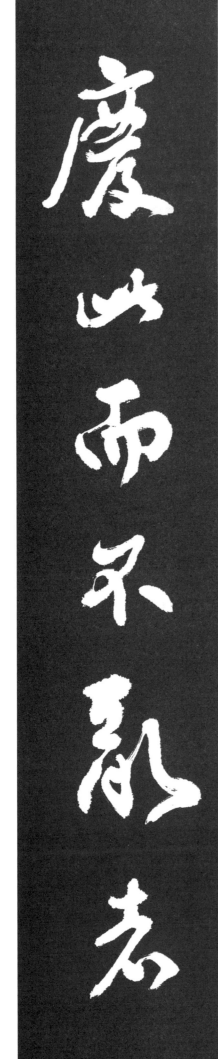

祖	할아비 조
太	클 태
宗	마루 종
已	이미 이
來	올 래
未	아닐 미
有	있을 유
行	다닐 행
此	이 차
而	말이을 이
不	아닐 불
理	다스릴 리
廢	폐할 폐
此	이 차
而	말이을 이
不	아닐 불
亂	어지러울 란
者	놈 자

祖太宗已來未 有行此而不理 廢此而不亂者

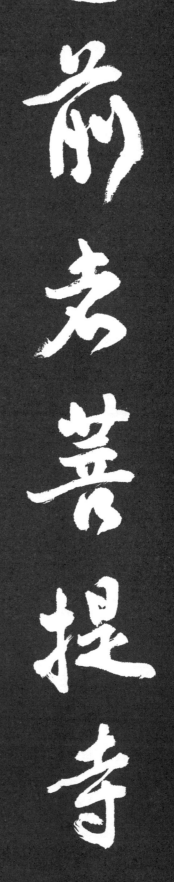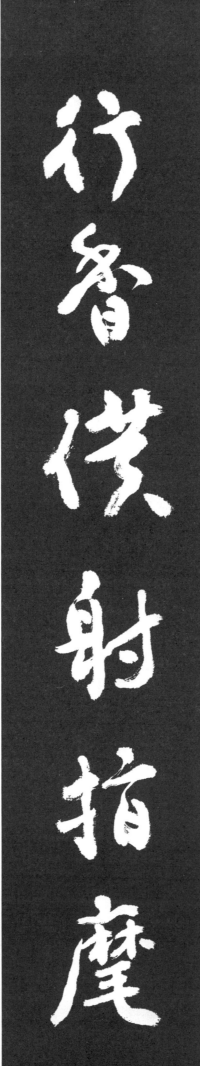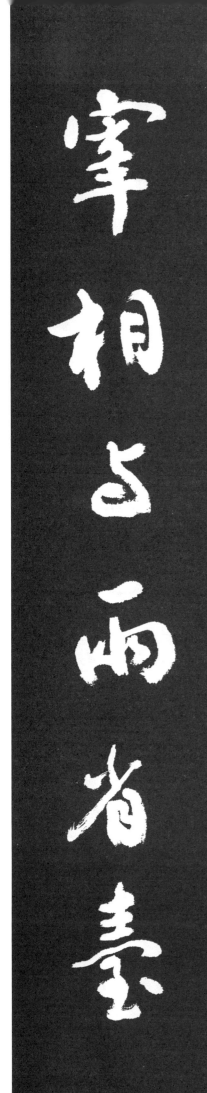

也前者菩提寺行香僕射指麾宰相與兩省臺

한자	훈음
也	어조사 야
前	앞 전
者	놈 자
菩	보살 보
提	끌 제(리)
寺	절 사
行	다닐 행
香	향기 향
僕	종 복
射	벼슬 야
指	손가락 지
麾	지휘할 휘
宰	재상 재
相	서로 상
與	더불 여
兩	두 량
省	관청 성
臺	대 대

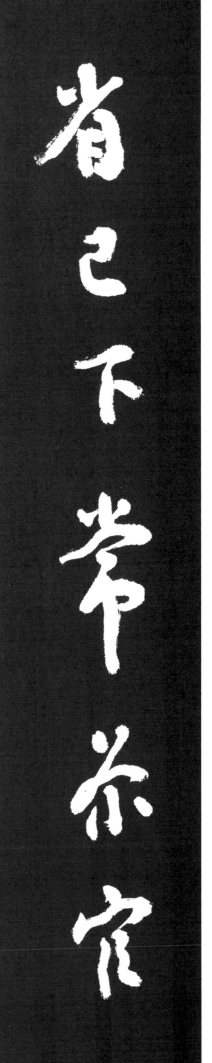

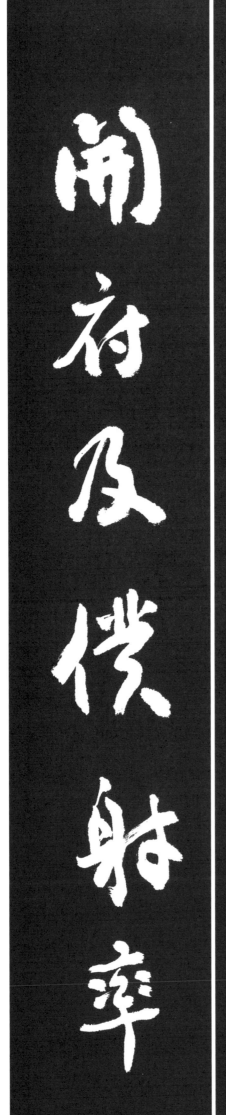

省己下常參官並爲一行坐魚開府及僕射率

省 관청 성
已 이미 이
下 아래 하
常 떳떳할 상
參 참여할 참
官 벼슬 관
並 나란할 병
爲 할 위
一 한 일
行 다닐 행
坐 앉을 좌
魚 물고기 어
開 열 개
府 부서 부
及 아울러 급
僕 종 복
射 벼슬 야
率 거느릴 솔

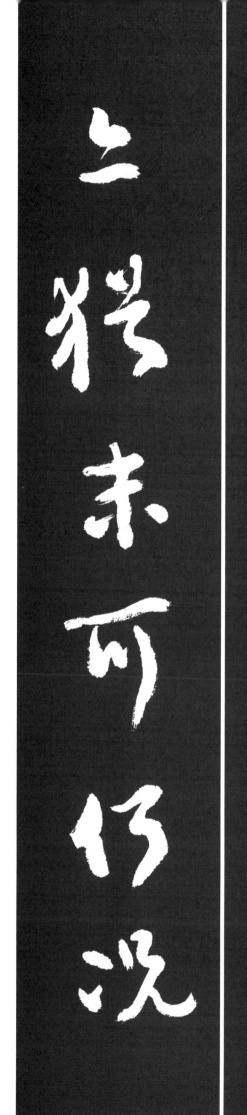
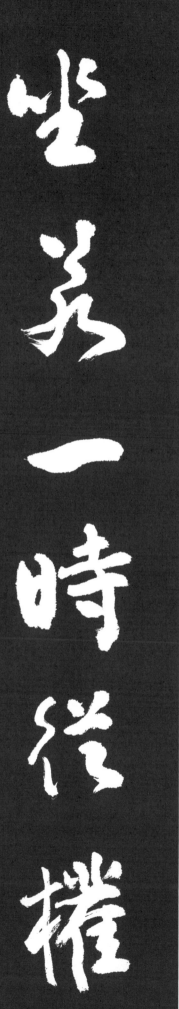
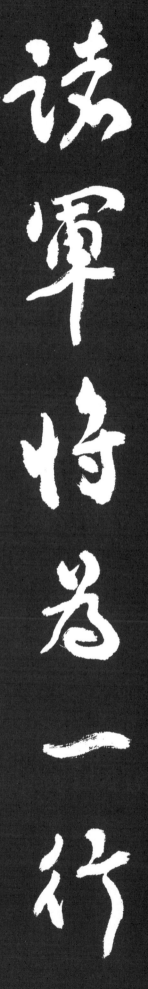

諸軍將爲一行坐若一時從權亦猶未可何況

여러 제
군사 군
장수 장
할 위
한 일
다닐 행
앉을 좌
만약 약
한 일
때 시
좇을 종
권세 권
또 역
오히려 유
아닐 미
옳을 가
어찌 하
하물며 황

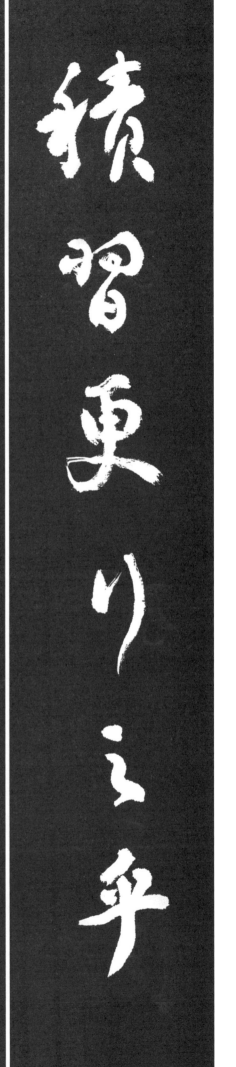
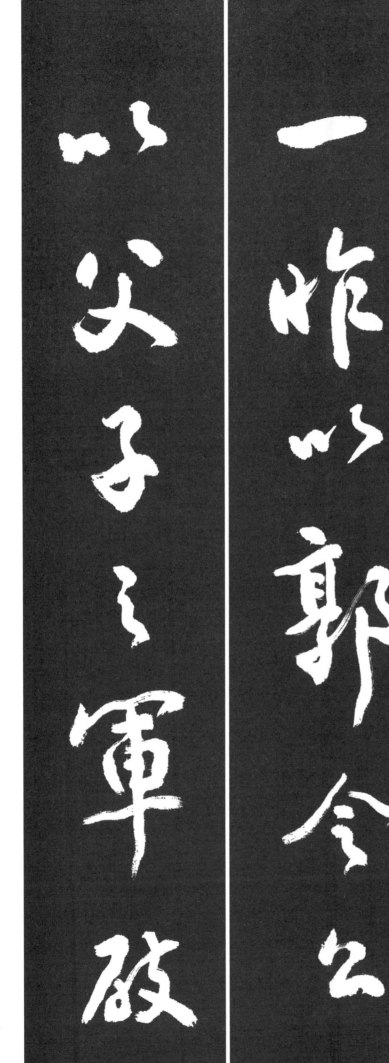

積 쌓을 적
習 습관 습
更 더욱 경
行 행할 행
之 갈 지
乎 어조사 호
一 한 일
昨 어제 작
以 써 이
郭 성곽 곽
令 벼슬 령
公 벼슬 공
以 써 이
父 아비 부
子 아들 자
之 갈 지
軍 군사 군
破 깨뜨릴 파

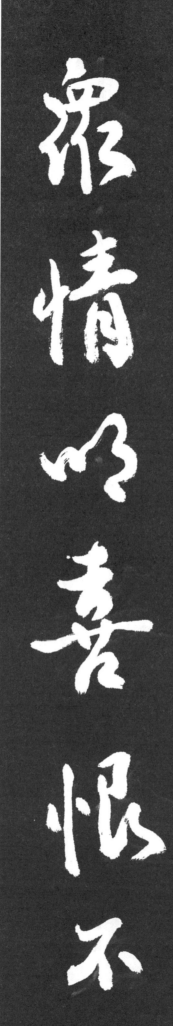

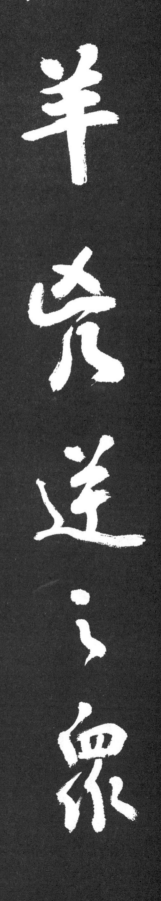

犬 개 견
羊 양 양
兇 흉악할 흉
逆 거스를 역
之 갈 지
衆 무리 중
衆 무리 중
情 뜻 정
欣 기뻐할 흔
喜 기쁠 희
恨 한할 한
不 아닐 불
頂 꼭대기 정
而 말이을 이
戴 일 대
之 갈 지
是 이 시
用 쓸 용

23

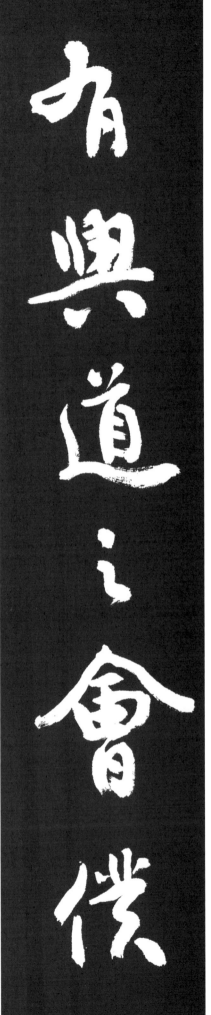

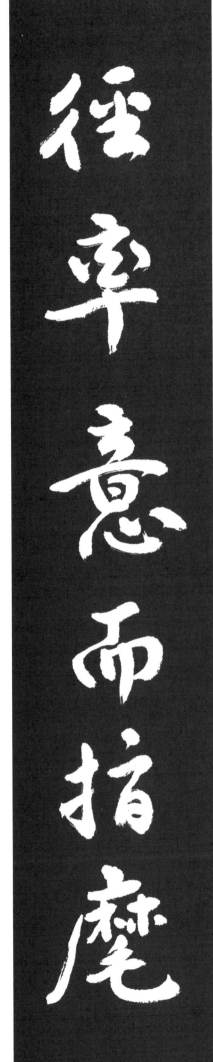

有 있을유
興 흥할흥
道 길도
之 갈지
會 모을회
僕 종복
射 벼슬야
又 또우
不 아닐불
悟 깨달을오
前 앞전
失 잃을실
徑 지름길경
率 거느릴솔
意 뜻의
而 말이을이
指 손가락지
麾 지휘할휘

24

不顧班秩之高下不論文武之左右苟以取悅

軍容爲心曾不顧百寮之側目亦何異清晝攫

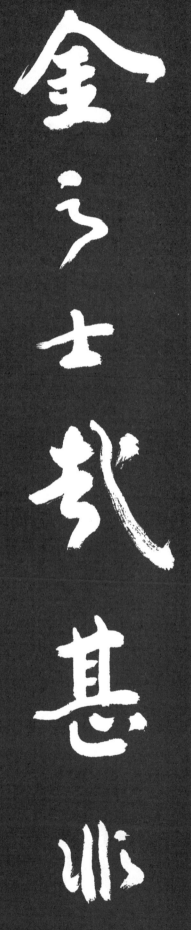

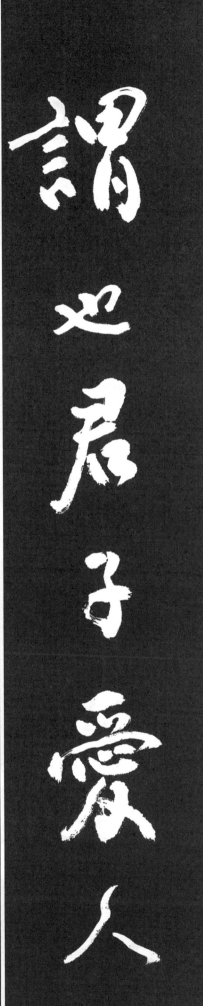

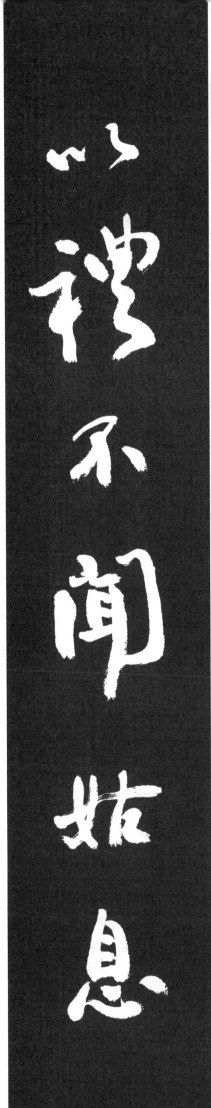

金之士哉甚非謂也君子愛人以禮不聞姑息

金 쇠금
之 갈지
士 선비사
哉 어조사재
甚 심할심
非 아닐비
謂 이를위
也 어조사야
君 임금군
子 아들자
愛 사랑애
人 사람인
以 써이
禮 예도례
不 아닐불
聞 들을문
姑 잠깐고
息 쉴식

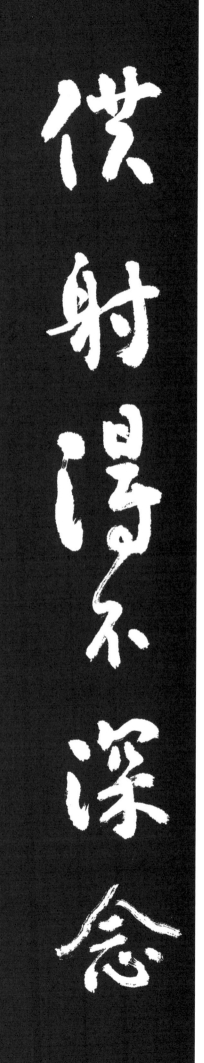

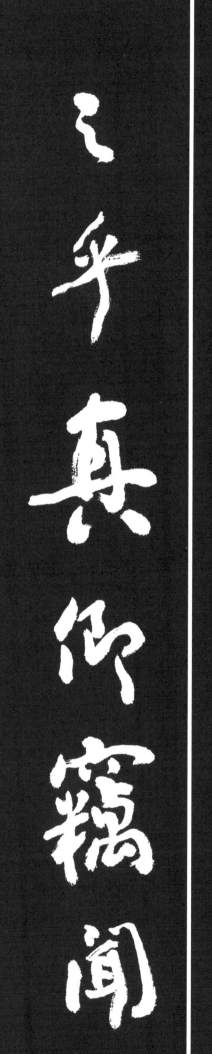

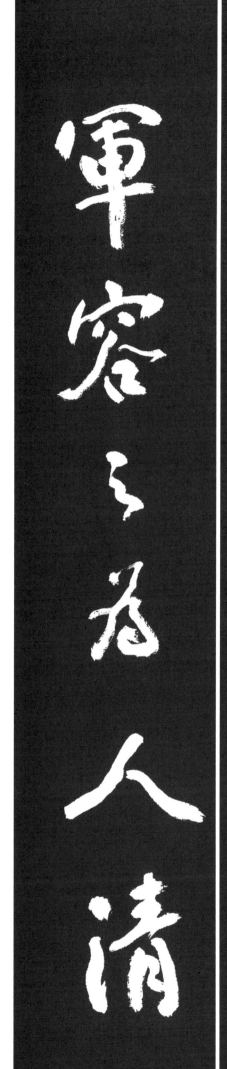

僕 종복
射 벼슬아
得 얻을득
不 아닐불
深 깊을심
念 생각념
之 갈지
乎 어조사호
眞 참진
卿 벼슬경
竊 도둑절
聞 들을문
軍 군사군
容 얼굴용
之 갈지
爲 할위
人 사람인
淸 맑을청

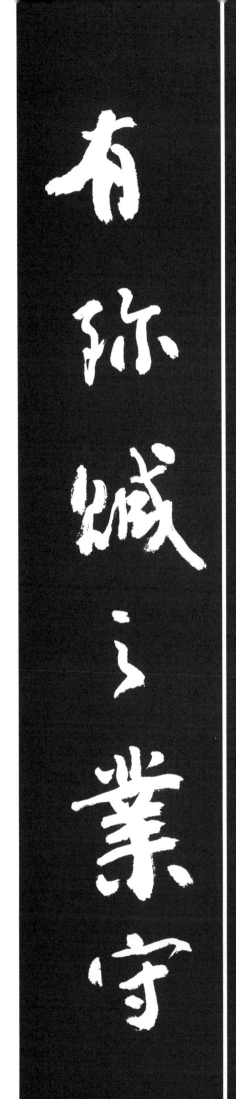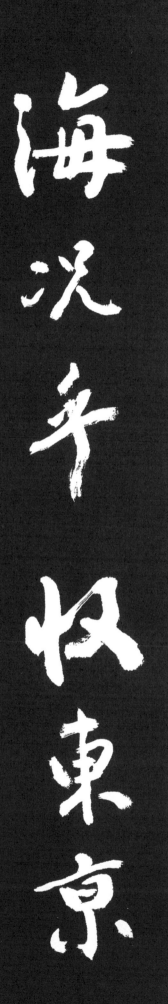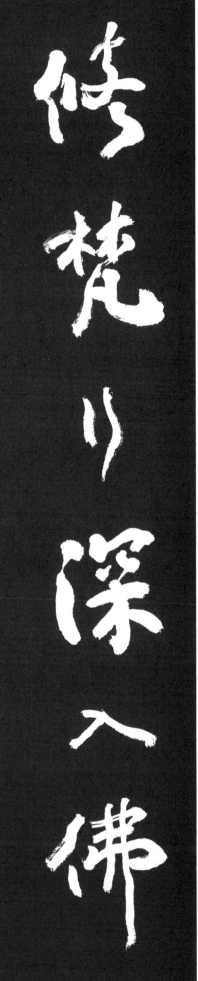

修梵行深入佛
海況乎收東京
有瀰城之業守

修	닦을 수
梵	부처 범
行	행할 행
深	깊을 심
入	들 입
佛	부처 불
海	바다 해
況	하물며 황
乎	어조사 호
收	거둘 수
東	동녘 동
京	서울 경
有	있을 유
殄	멸할 진
賊	도둑 적
之	갈 지
業	업 업
守	지킬 수

陝城有戴天之
功朝野之人所
共貴仰豈獨有

陝 고을이름 섬
城 재 성
有 있을 유
戴 일 대
天 하늘 천
之 갈 지
功 공 공
朝 조정 조
野 들 야
之 갈 지
人 사람 인
所 바 소
共 함께 공
貴 귀할 귀
仰 우러를 앙
豈 어찌 기
獨 홀로 독
有 있을 유

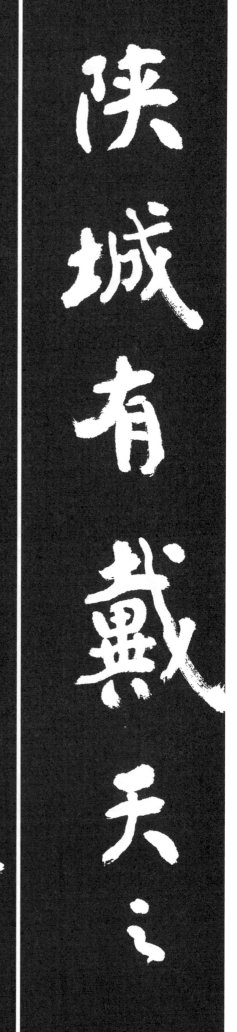

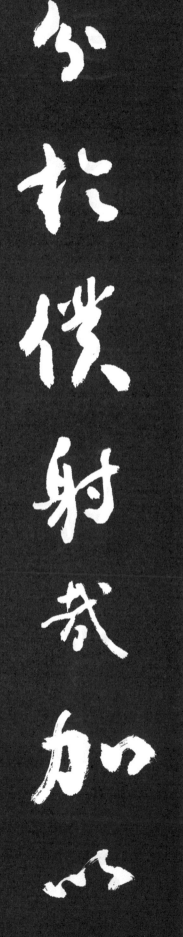

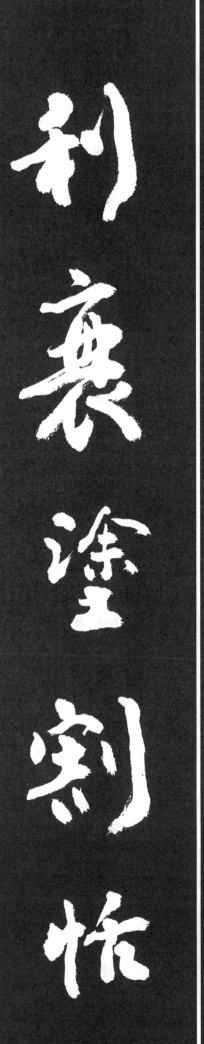

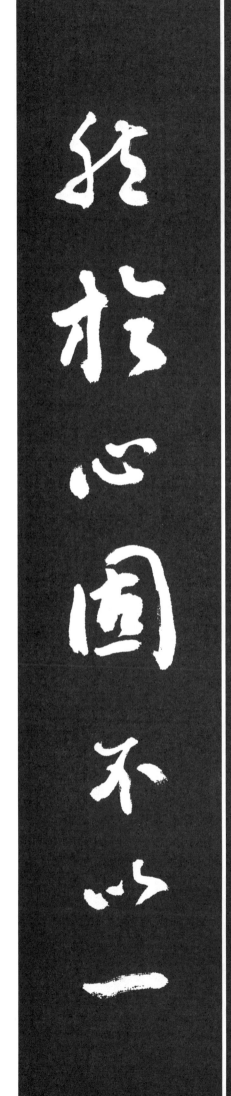

分於僕射哉加以利衰塗割恬然於心固不以一

分 나눌분
於 어조사 어
僕 종 복
射 벼슬 야
哉 어조사 재
加 더할 가
以 써 이
利 이로울 리
衰 쇠잔할 쇠
塗 바를 도
割 나눌 할
恬 편안할 념
然 그럴 연
於 어조사 어
心 마음 심
固 굳을 고
不 아닐 불
以 써 이
一 한 일

31

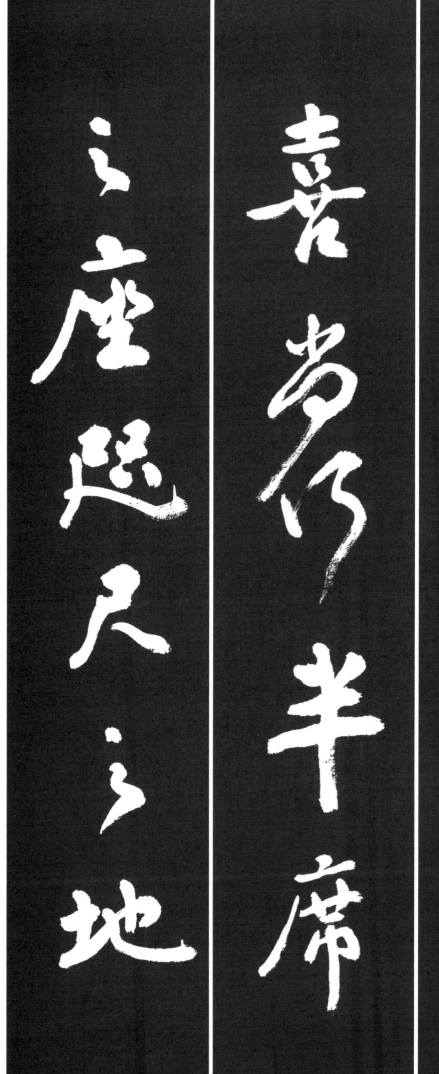

毀 헐 훼
加 더할 가
怒 노할 노
一 한 일
敬 공경할 경
加 더할 가
喜 기쁠 희
尚 오히려 상
何 어찌 하
半 가운데 반
席 자리 석
之 갈 지
座 자리 좌
咫 짧을 지
尺 자 척
之 갈 지
地 땅 지

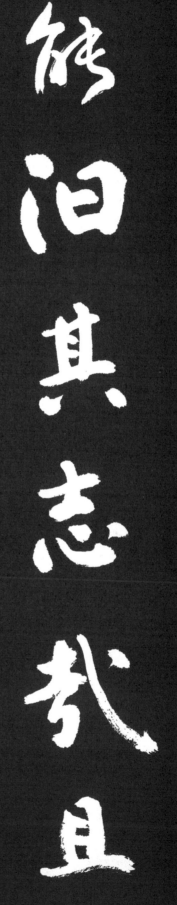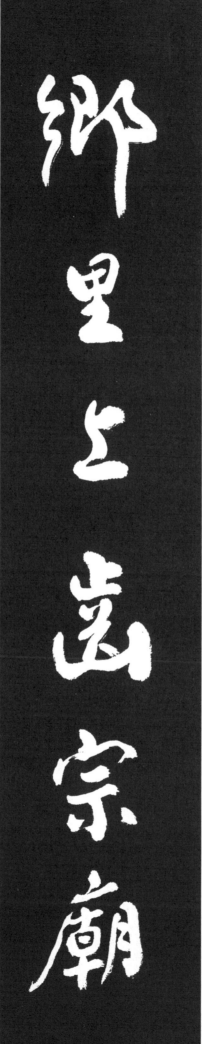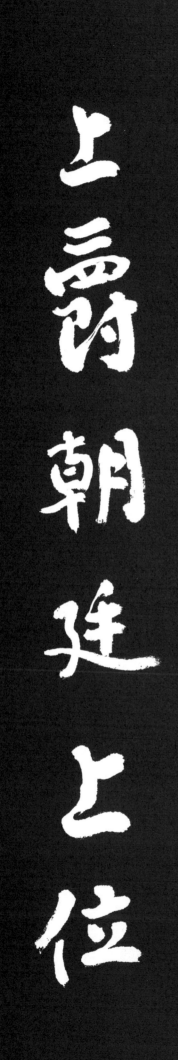

能汨其志哉且 鄉里上齒宗廟 上爵朝廷上位

能 능할 능
汨 어지러울 골
其 그 기
志 뜻 지
哉 어조사 재
且 또 차
鄉 시골 향
里 마을 리
上 오를 상
齒 이 치
宗 마루 종
廟 사당 묘
上 오를 상
爵 벼슬 작
朝 조정 조
廷 조정 정
上 오를 상
位 자리 위

敍而天下和平　長幼故得彝倫　皆有等威以明

皆 다 개
有 있을 유
等 무리 등
威 위엄 위
以 써 이
明 밝을 명
長 어른 장
幼 어릴 유
故 연고 고
得 얻을 득
彝 법 이
倫 인륜 륜
敍 펼 서
而 말이을 이
天 하늘 천
下 아래 하
和 고를 화
平 평평할 평

也且上自宰相御史大夫兩省五品以上供奉官

也 어조사 야
且 또 차
上 오를 상
自 스스로 자
宰 재상 재
相 서로 상
御 어거할 어
史 사관 사
大 큰 대
夫 사내 부
兩 두 량
省 관청 성
五 다섯 오
品 품수 품
以 써 이
上 윗 상
供 이바지할 공
奉 받들 봉
官 벼슬 관

自	스스로 자
爲	할 위
一	한 일
行	다닐 행
十	열 십
二	두 이
衞	호위할 위
大	큰 대
將	장수 장
軍	군사 군
次	버금 차
之	갈 지
三	석 삼
師	스승 사
三	석 삼
公	공변될 공
令	하여금 령
僕	종 복
少	적을 소
師	스승 사

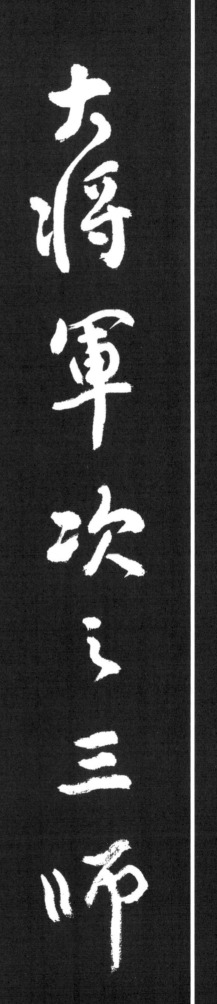

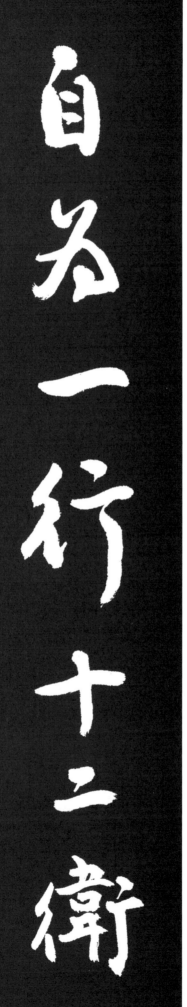

自爲一行十二衛

大將軍次之三師

三公令僕少師

保傅尚書左右丞侍郎自為一行九卿三監對之

37

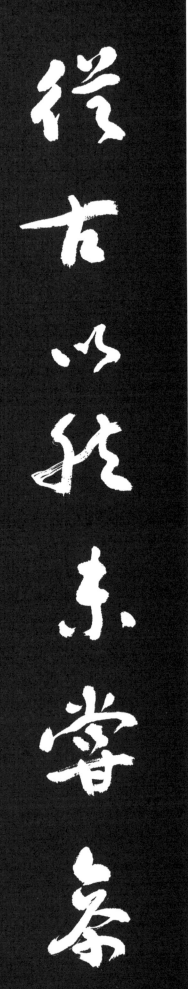

從 좇을 종
古 옛 고
以 써 이
然 그럴 연
未 아닐 미
嘗 맛볼 상
參 참여 참
錯 어긋날 착
至 이를 지
如 같을 여
節 마디 절
度 법도 도
軍 군사 군
將 장수 장
各 각각 각
有 있을 유
本 근본 본
班 나눌 반
卿 벼슬 경

監有卿監之班將軍有將軍之位縱是開府特

監 볼 감
有 있을 유
卿 벼슬 경
監 볼 감
之 갈 지
班 나눌 반
將 장수 장
軍 군사 군
有 있을 유
將 장수 장
軍 군사 군
之 갈 지
位 자리 위
縱 세로 종
是 이 시
開 열 개
府 마을 부
特 특별할 특

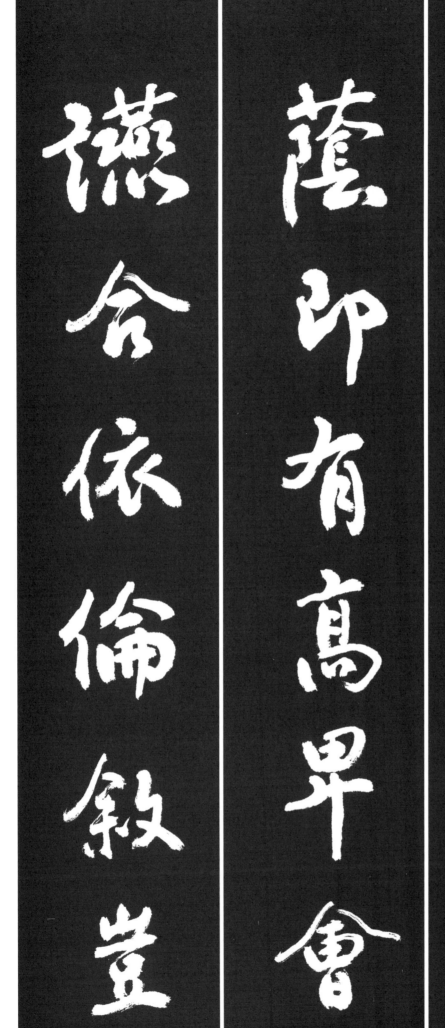

進 나아갈 진
並 아우를 병
是 이 시
勳 공훈 훈
官 벼슬 관
用 쓸 용
蔭 도움 음
即 곧 즉
有 있을 유
高 높을 고
卑 낮을 비
會 모을 회
讌 잔치 연
合 합할 합
依 의지할 의
倫 인륜 륜
敍 펼 서
豈 어찌 기

可裂冠毀冕反

易彝倫貴者却

欲爲卑所淩尊

可	옳을 가
裂	찢을 렬
冠	갓 관
毀	헐 훼
冕	면류관 면
反	돌이킬 반
易	바꿀 역
彝	법 이
倫	인륜 륜
貴	귀할 귀
者	놈 자
却	물리칠 각
欲	하고자할 욕
爲	할 위
卑	낮을 비
所	바 소
淩	업신여길 릉
尊	높을 존

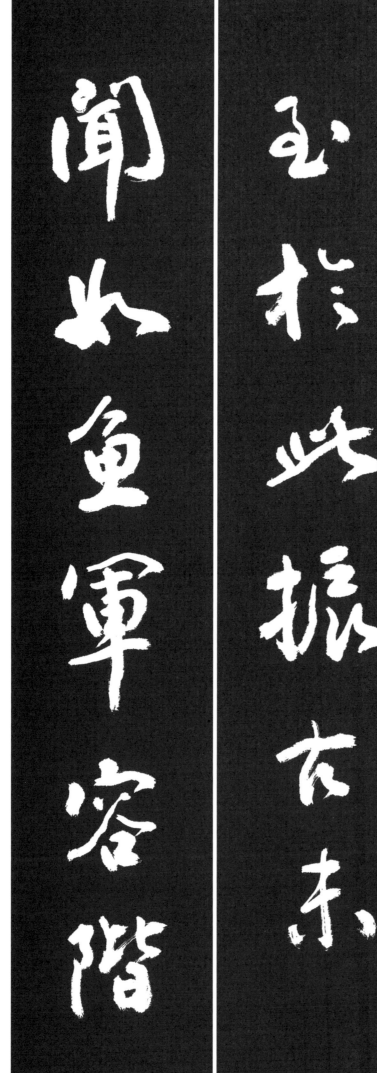

者 놈 자
爲 할 위
賊 도둑 적
所 바 소
偪 핍박할 핍
一 한 일
至 이를 지
於 어조사 어
此 이 차
振 떨칠 진
古 옛 고
未 아닐 미
聞 들을 문
如 같을 여
魚 물고기 어
軍 군사 군
容 얼굴 용
階 품계 계

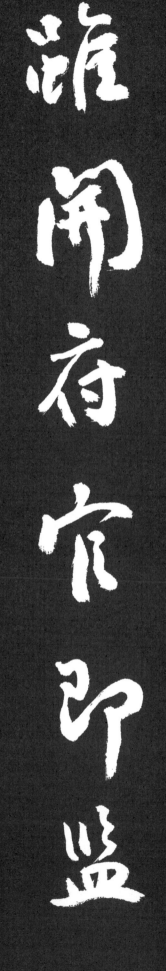

雖開府官卽監門將軍朝廷列位自有次敍但

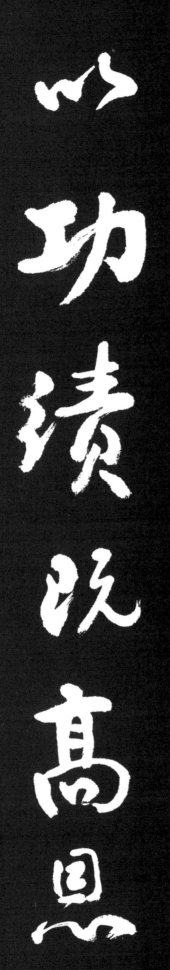

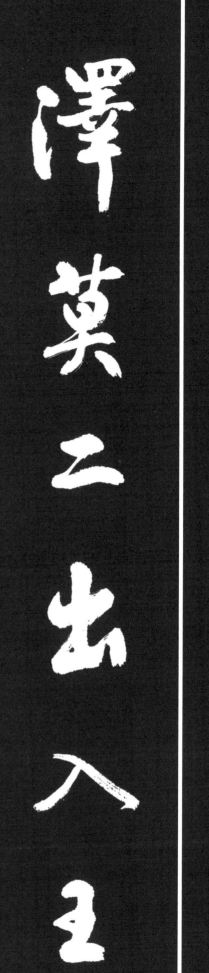

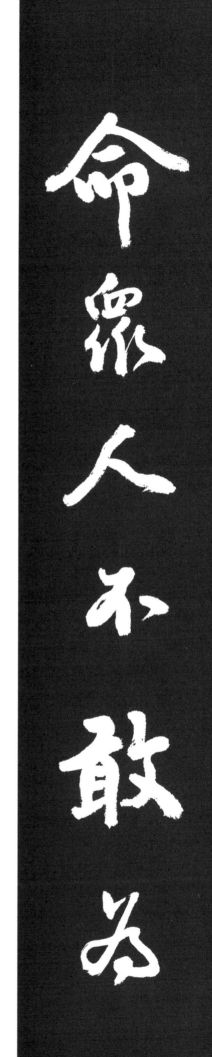

以 써이
功 공공
績 이룰적
旣 이미기
高 높을고
恩 은혜은
澤 못택
莫 아닐막
二 두이
出 날출
入 들입
王 임금왕
命 목숨명
衆 무리중
人 사람인
不 아닐불
敢 감히감
爲 할위

北不可令居本
位須別示有尊
崇只可於宰相

比 견줄 비
不 아닐 불
可 옳을 가
令 명령 령
居 살 거
本 근본 본
位 자리 위
須 모름지기 수
別 다를 별
示 보일 시
有 있을 유
尊 높을 존
崇 높일 숭
只 다만 지
可 옳을 가
於 어조사 어
宰 재상 재
相 서로 상

師 스승 사
保 보호할 보
座 자리 좌
南 남녘 남
橫 가로 횡
安 편안할 안
一 한 일
位 자리 위
如 같을 여
御 어거할 어
史 사관 사
臺 대 대
眾 무리 중
尊 높을 존
知 알 지
雜 섞일 잡
事 일 사
御 어거할 어

師 保 座 南 橫 安

一 位 如 御 史 臺

眾 尊 知 雜 事 御

史別置一榻使
使百寮共得瞻
仰不亦可乎聖

史 사관 사
別 다를 별
置 둘 치
一 한 일
榻 책상 탑
使 하여금 사
使 하여금 사
百 일백 백
寮 동관 료
共 함께 공
得 얻을 득
瞻 볼 첨
仰 우러를 앙
不 아닐 불
亦 또 역
可 옳을 가
乎 어조사 호
聖 성인 성

皇時開府高力士
承恩宣傳亦只如此
橫座亦不聞別

皇 임금 황
時 때 시
開 열 개
府 마을 부
高 높을 고
力 힘 력
士 선비 사
承 이을 승
恩 은혜 은
宣 베풀 선
傳 전할 전
亦 또 역
只 다만 지
如 같을 여
此 이 차
橫 가로 횡
座 자리 좌
亦 또 역
不 아닐 불
聞 들을 문
別 다를 별

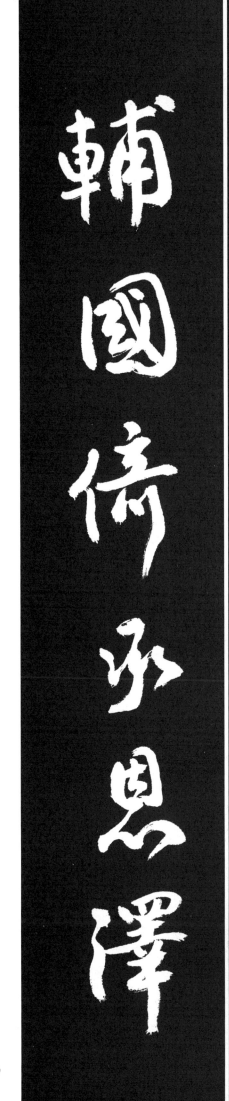
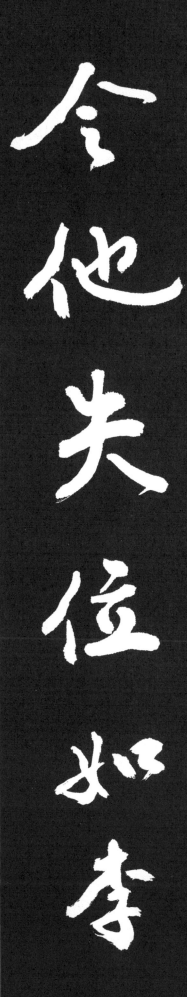
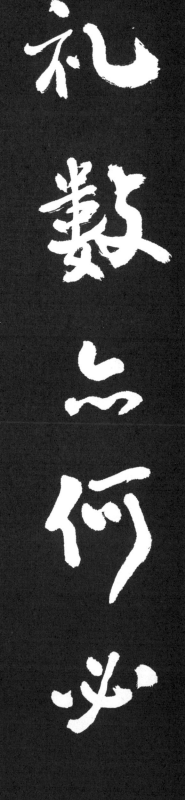

有 있을유
禮 예도 례
數 셈 수
亦 또 역
何 어찌 하
必 반드시 필
令 하여금 령
他 다를 타
失 잃을 실
位 자리 위
如 같을 여
李 오얏 리
輔 도울 보
國 나라 국
倚 의지할 의
承 이을 승
恩 은혜 은
澤 못 택

徑居左右僕射
及三公之上令天
下轂惟乎古人

한자	뜻·음
徑	지름길 경
居	살 거
左	왼 좌
右	오른쪽 우
僕	종 복
射	벼슬 야
及	미칠 급
三	석 삼
公	벼슬 공
之	갈 지
上	윗 상
令	하여금 령
天	하늘 천
下	아래 하
疑	의심할 의
怪	괴이할 괴
乎	어조사 호
古	옛 고
人	사람 인

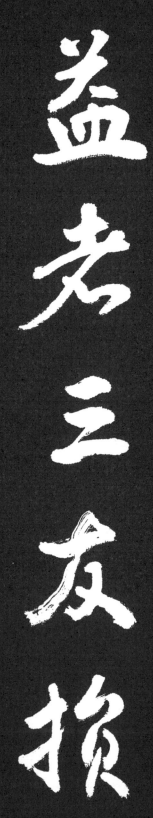
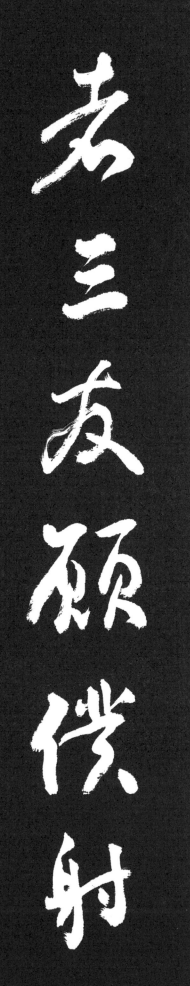
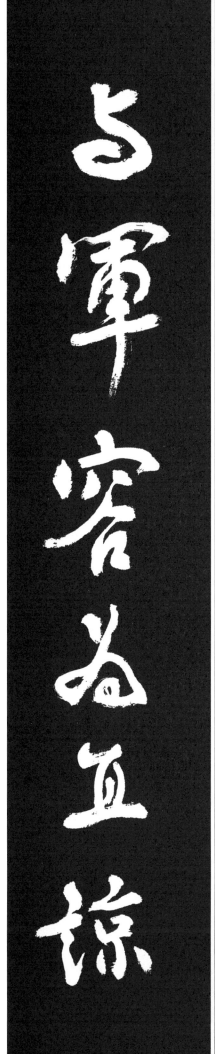

云 이를 운
益 더할 익
者 놈 자
三 석 삼
友 벗 우
損 덜 손
者 놈 자
三 석 삼
友 벗 우
願 원할 원
僕 종 복
射 벼슬 야
與 더불 여
軍 군사 군
容 얼굴 용
爲 할 위
直 곧을 직
諒 살필 량

之友不願僕射爲軍容佞柔之友又一昨襄僕

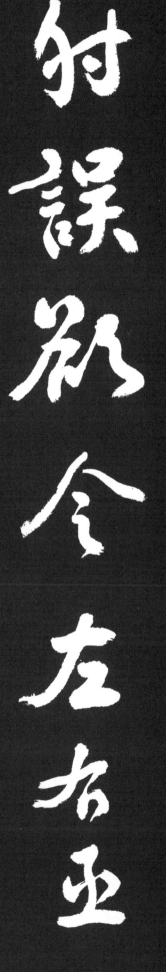
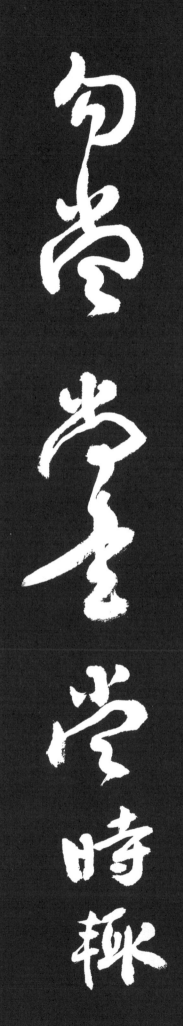
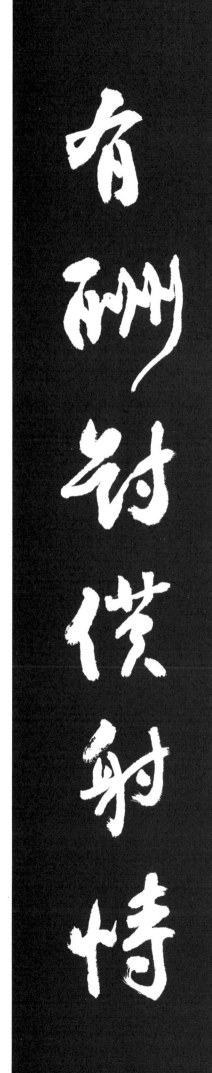

射 벼슬 야
誤 그르칠 오
欲 하고자할 욕
令 하여금 령
左 왼 좌
右 오른쪽 우
丞 정승 승
句 맡을 구
當 마땅할 당
尙 오히려 상
書 글 서
當 그 당
時 때 시
輒 문득 첩
有 있을 유
酬 잔돌릴 수
對 대답할 대
僕 종 복
射 벼슬 야
恃 믿을 시

貴張目見尤介衆之中不欲顯過今者興道之

貴 귀할 귀
張 편 장
目 눈 목
見 볼 견
尤 더욱 우
介 끼일 개
衆 무리 중
之 갈 지
中 가운데 중
不 아닐 불
欲 하고자할 욕
顯 나타날 현
過 과실 과
今 이제 금
者 놈 자
興 일어날 흥
道 길 도
之 갈 지

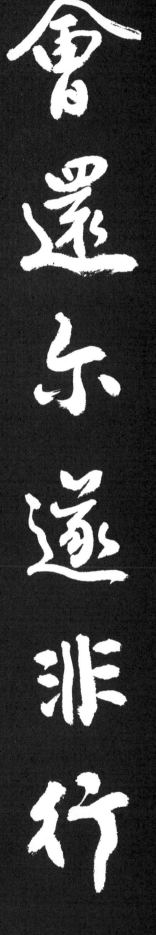
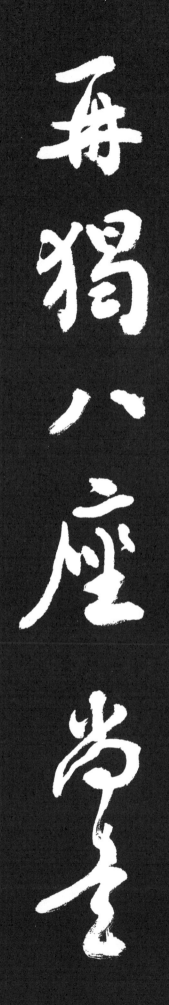
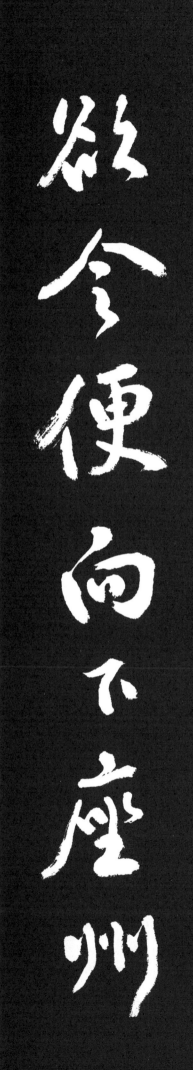

會 모을 회
還 다시 환
爾 너 이
遂 드디어 수
非 아닐 비
行 다닐 행
再 두 재
猲 공갈할 갈
八 여덟 팔
座 자리 좌
尚 높일 상
書 글 서
欲 하고자할 욕
令 하여금 령
便 편할 편
向 향할 향
下 아래 하
座 자리 좌
州 고을 주

縣軍城之禮亦恐未然朝廷公讌之宜不應若

縣 고을 현
軍 군사 군
城 재 성
之 갈 지
禮 예도 례
亦 또 역
恐 두려울 공
未 아닐 미
然 그럴 연
朝 조정 조
廷 조정 정
公 공변될 공
讌 잔치 연
之 갈 지
宜 마땅할 의
不 아닐 불
應 응할 응
若 같을 약

56

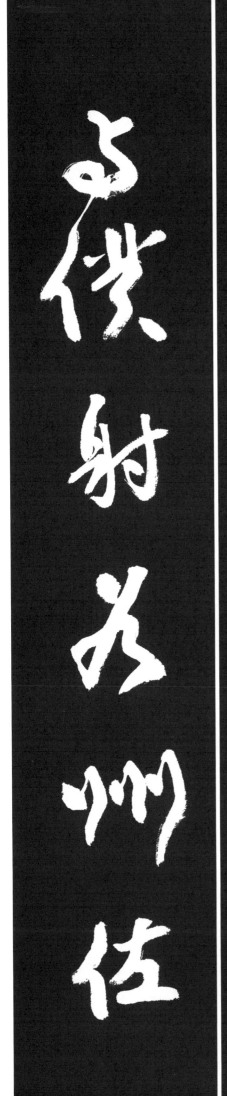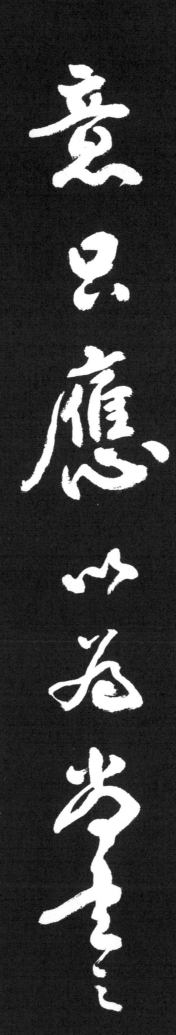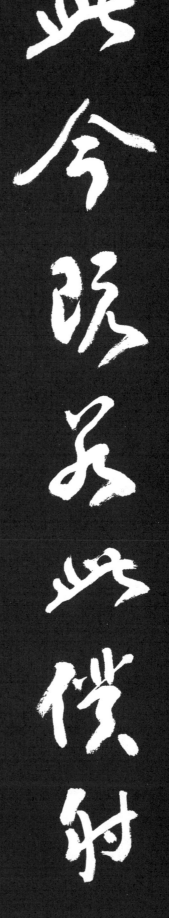

此今既若此僕射意只應以爲尙書之與僕射若州佐

此 이 차
今 이제 금
旣 이미 기
若 같을 약
此 이 차
僕 종 복
射 벼슬 야
意 뜻 의
只 다만 지
應 응할 응
以 써 이
爲 할 위
尙 높을 상
書 글 서
之 갈 지
與 더불 여
僕 종 복
射 벼슬 야
若 같을 약
州 고을 주
佐 도울 좌

57

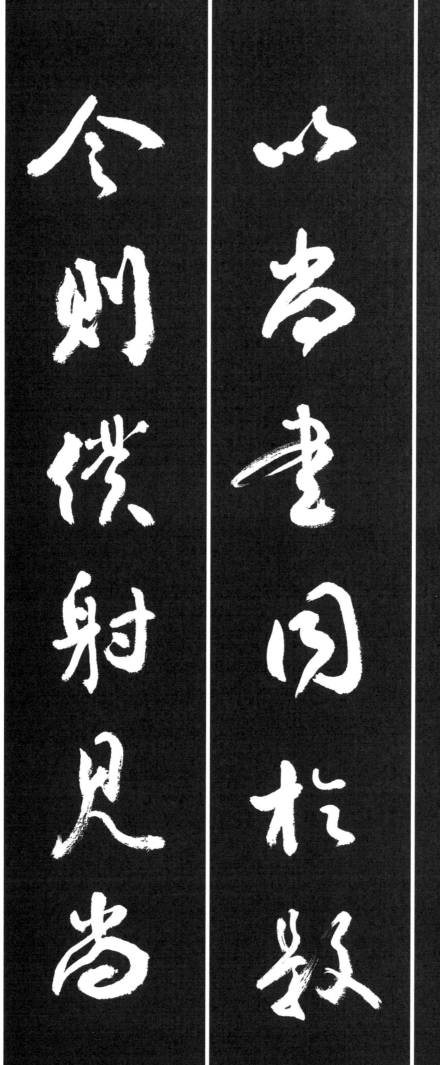

之 갈 지
與 줄 여
縣 고을 현
令 벼슬 령
乎 어조사 호
若 만약 약
以 써 이
尚 높을 상
書 글 서
同 같을 동
於 어조사 어
縣 고을 현
令 벼슬 령
則 곧 즉
僕 종 복
射 벼슬 야
見 볼 견
尚 높을 상

書令得如上佐事刺史乎益不然矣今既三廳齊

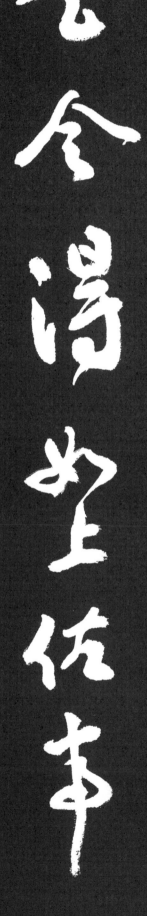

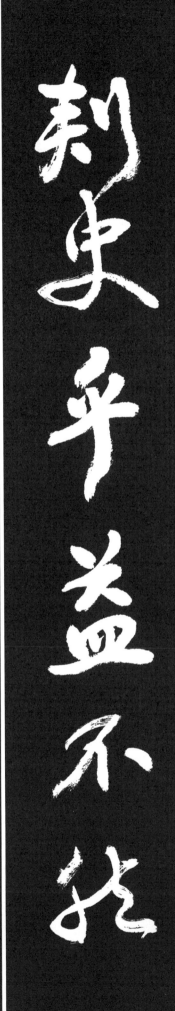

列足明不同刺　史且尚書令與　僕射同是二品

列 벌릴렬
足 족할족
明 밝을명
不 아닐부
同 한가지동
刺 찌를자
史 사관사
且 또차
尚 높을상
書 글서
令 벼슬령
與 더불여
僕 종복
射 벼슬야
同 같을동
是 이시
二 두이
品 품수품

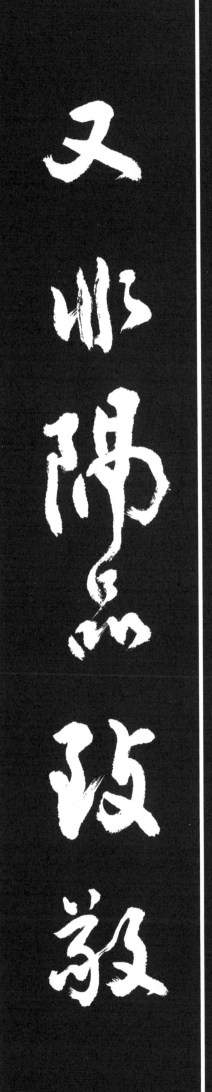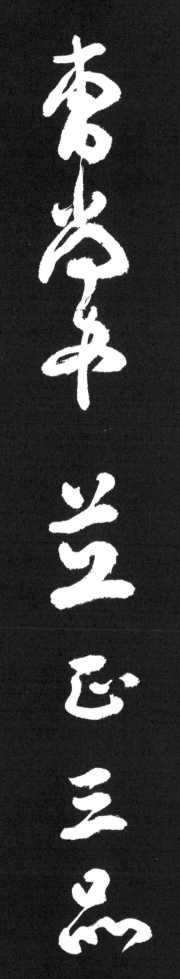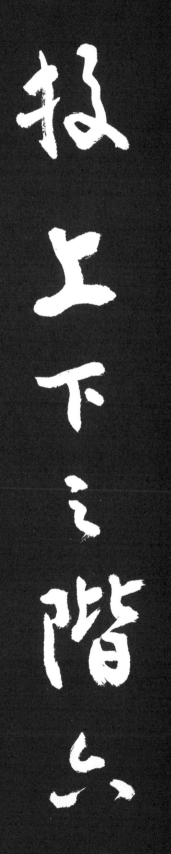

只挍上下之階六
曹尚書並正三品
又非隔品致敬

只 다만 지
挍 헤아릴 교
上 윗 상
下 아래 하
之 갈 지
階 품수 계
六 여섯 육
曹 관청 조
尚 높을 상
書 글 서
並 아우를 병
正 바를 정
三 석 삼
品 품수 품
又 또 우
非 아닐 비
隔 막힐 격
品 품수 품
致 이를 치
敬 공경할 경

之類尙書之事僕射禮數未敢有失僕射之顧

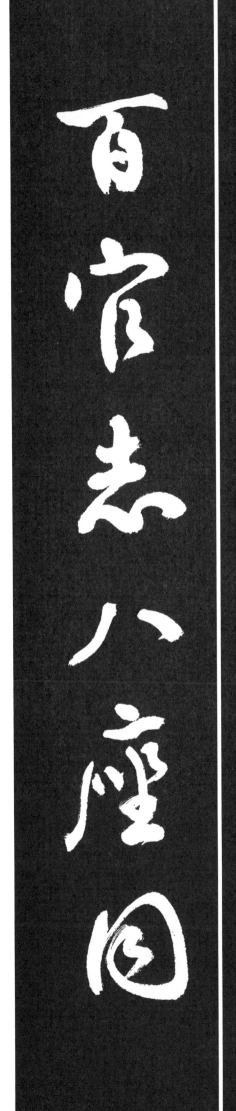
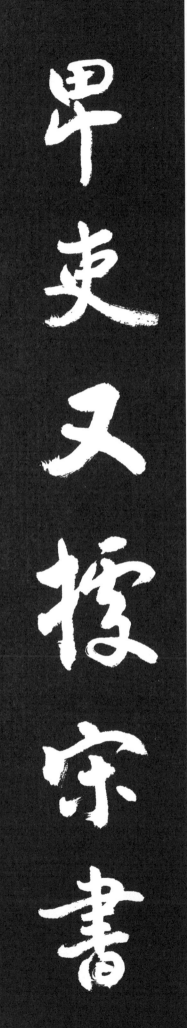
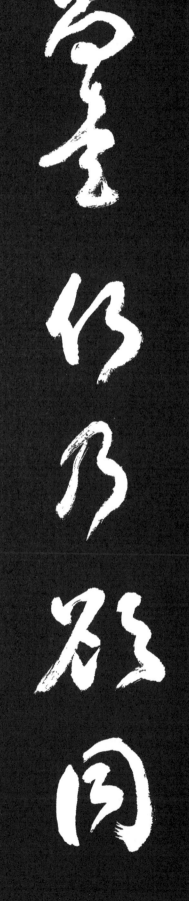

尚 높을 상
書 글 서
何 어찌 하
乃 이에 내
欲 하고자할 욕
同 한가지 동
卑 낮을 비
吏 관리 리
又 또 우
據 의지할 거
宋 송나라 송
書 글 서
百 일백 백
官 벼슬 관
志 기록 지
八 여덟 팔
座 자리 좌
同 한가지 동

是第三品隋及國家始升別作二品高自標致

是	이 시
第	차례 제
三	석 삼
品	품수 품
隋	수나라 수
及	미칠 급
國	나라 국
家	집 가
始	비로소 시
升	오를 승
別	다를 별
作	지을 작
二	두 이
品	품수 품
高	높을 고
自	스스로 자
標	표 표
致	이를 치

誠則崇尊向下
擠排無乃傷甚
況再於公堂猲

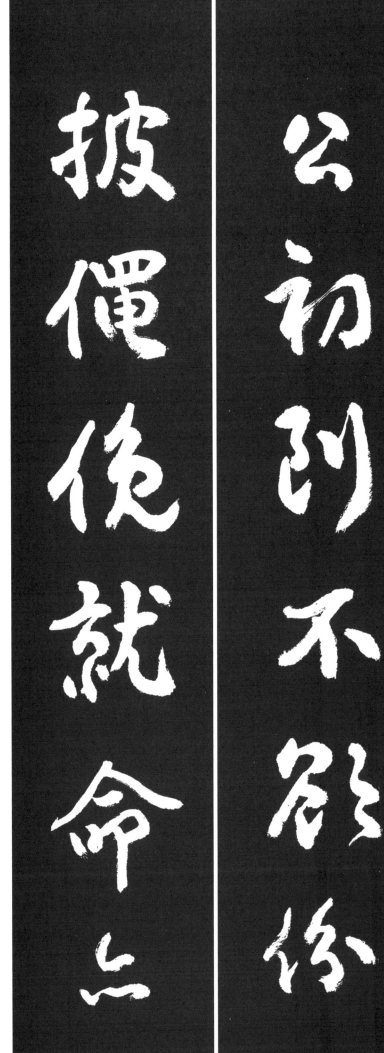

咄 꾸짖을 돌
常 떳떳할 상
伯 맏 백
當 마땅할 당
爲 할 위
令 벼슬 령
公 벼슬 공
初 처음 초
到 이를 도
不 아닐 불
欲 하고자할 욕
紛 어지러울 분
披 헤칠 피
僶 힘쓸 민
俛 머리숙일 면
就 곧 취
命 명령 명
亦 또 역

非理屈朝廷紀綱須共存立過爾隳壞亦恐及

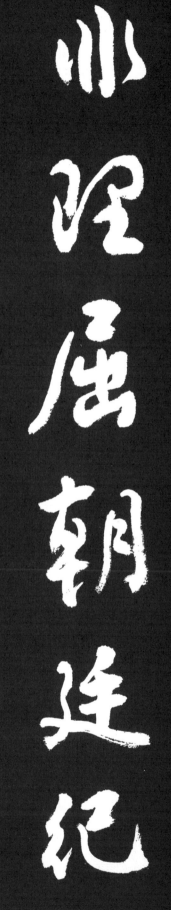

非 아닐 비
理 도리 리
屈 굽을 굴
朝 조정 조
廷 조정 정
紀 실마리 기
綱 벼리 강
須 모름지기 수
共 함께 공
存 있을 존
立 설 립
過 과실 과
爾 너 이
隳 무너질 휴
壞 무너질 괴
亦 또 역
恐 두려울 공
及 미칠 급

身明天子忽震

電舍怒責斁彝

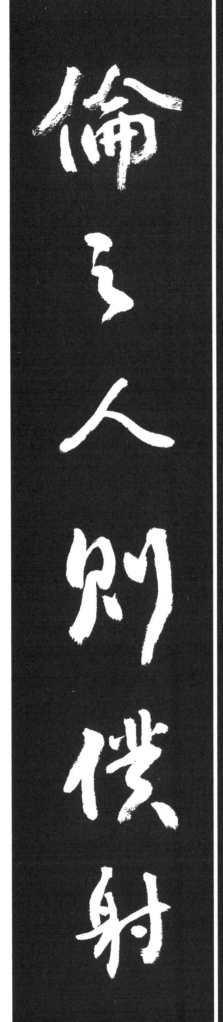

倫之人則僕射

身 몸 신
明 밝을 명
天 하늘 천
子 아들 자
忽 문득 홀
震 진동할 진
電 번개 전
舍 머금을 함
怒 성낼 노
責 꾸짖을 책
斁 싫어할 역
彝 떳떳할 이
倫 인륜 륜
之 갈 지
人 사람 인
則 곧 즉
僕 종 복
射 벼슬 야

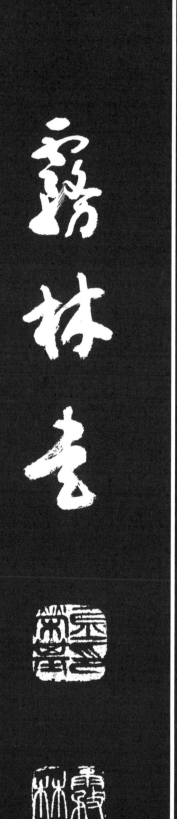

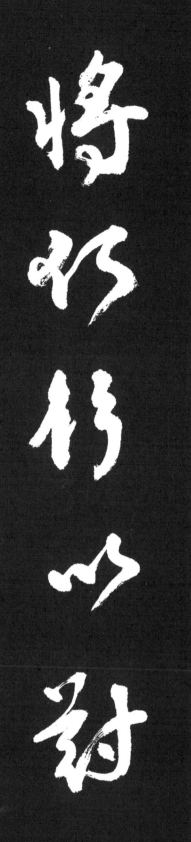

將 장차 장
何 어찌 하
辭 말 사
以 써 이
對 대답할 대
霧 안개 무
林 수풀 림
書 쓸 서

爭座位稿

① 十一月日 金紫光祿大夫 撿挍 刑部尙書 上柱國 魯郡開國公 顏眞卿 謹奉寓書于右僕射 定襄郡王 郭公閤下 蓋太上有立德 其次有立功 是之謂不朽 抑又聞之 端揆者百寮之師長 諸侯王者人臣之極地 豈不以才爲世出 功冠一時 挫思明跋扈之師 抗廻紇無厭之請 故得身畫凌煙之閤 名藏太室之廷 吁足畏也

《주해》

- 定襄王 郭公：郭英乂로서 교만하고 예법을 무시하였다. 안진경이 여기서 그의 잘못을 지적한 것이다.
- 太上有立德 其次有立功：左傳襄二四에 태상은 덕을 세움에 있고, 그 다음은 공을 세움에 있고, 그 다음은 말을 세움에 있다는 것을 인용하였다.
- 凌煙閣：唐 太宗이 공신들의 초상을 그려놓고 그의 업적을 기린 곳.
- 廻紇：唐代에 河中에서 병사를 일으켜 조정을 위협한 吐蕃人.
- 思明：唐의 寧夷縣의 突厥人 史思明. 安祿山 뒤에 난을 일으킴.
- 僕射：唐宋 때의 재상의 벼슬
- 百寮：모든 관직
- 端揆：재상을 이름

② 然美則美矣 然而終之始難 故曰 滿而不溢 所以長守富也 高而不危 所以長守貴也 可不懼懼乎 書曰 爾唯弗矜 天下莫與汝爭能 爾唯不伐 天下莫與汝爭功 以齊桓公之盛業 片言勤王 則九合諸侯 一匡天下 葵丘之會 微有振矜 而叛者九國 故曰 行百里者 半九十里 言晚節末路之難也 至今 泉我高祖太宗已來 未有行此而不理 廢此而不亂者也

《주해》

- 齊桓公：춘추시대의 임금. 管仲을 중용하고 제후를 영도하여 晉文公과 함께 수령이 됨.
- 勤王(근왕)：임금에게 충성을 다함. 임금의 일을 도움.

물론 아름다운 것은 아름다운 것이다. 그러나 시종을 보전하기는 어려운 것이다. 고로 말하기를, 가득차면서도 넘치지 않으면, 부를 오래 지키는 바요, 높이 되어도 위태롭지 않으면, 오래 귀를 지키는 바라고 하였다. 어찌 가히 경구(儆懼)치 않으리오. 書經에 이르기를 『그대 그 공을 자랑치 않으면, 천하는 그대와 더불어서 能을 다툼이 없으리요, 그대가 오직 자랑치 않는다면, 천하는 그대와 더불어서 다투지 않을 것이요, 그대가 오직 자랑치 않는다면』이라고 하였다. 齊의 桓公의 성업으로써, 임금에게 충성을 다하는 것(勤王)을 한두 마디로 말하면, 곧 제후는 구합하여, 천하를 바로 잡았는데, 葵丘의 모임에 振矜함이 조금 있었다. 이에 叛하는 자가 九國이나 되었다. 고로 백 리를 가는 자는 구십리를 반으로 한다는 말이 있다. 이 말은 晩節의 시기에 어려움을 얘기하는 것이다. 옛것을 따르고 지금에 이르기까지, 나의 高祖 太宗 이래로, 이를 행하여서 이치에 맞지 않음이 없었고, 이를 폐하고 혼란치 않음이 없었으니,

십일월 일 金紫光祿大夫 撿挍 刑部尙書 上柱國 魯郡開國公인 顏眞卿은 삼가 右僕射 定襄郡王인 郭公閤下에게 받들어 올립니다. 대개 太上은 덕을 세우고, 그 다음은 공을 세우는 것이니, 이는 不朽라고 이르는 것이다. 또 듣기에 곧 端揆는 모든 관직의 사장(師長)이요, 諸侯王은 인신(人臣)의 극지라고 한다. 지금의 복야(僕射)는 불후의 공업이 뛰어나고, 공은 일시의 으뜸이 되고, 인신의 극에 있다. 어찌 재능이 새상에 뛰어나고, 廻紇의 불만의 요청을 대항하고, 史思明의 발호하는 장수를 굴복시키치 않았으리오. 고로 몸은 凌煙閣에 그려지고, 이름은 太室廷에 소장되니, 아! 경외하기에 족하도다.

③

前者菩提寺行香 僕射指麾 宰相與兩省臺省已下常參官 並爲一行坐魚
開府及僕射率諸軍將爲一行坐 若一時從權 亦猶未可 何況積習 更行之乎
一昨以郭令公以父子之軍 破犬羊兇逆之衆 衆情欣喜 恨不頂而戴之 是用
有興道之會 僕射又不悟前失 徑率意而指麾 不顧班秩之高下 不論文武之
左右 苟以取悅軍容爲心 曾不顧百寮之側目 亦何異淸晝攫金之士哉 甚非
謂也 君子愛人以禮 不聞姑息 僕射得不深念之乎

〈주해〉

• 行香 : 禮佛의 의식으로 계급에 따라 차례로 시행하는 분향 또는 燒
香.
• 魚開府 : 玄宗, 代宗 때의 宦官. 給事黃門, 天下觀軍容宣慰處置使가
되었다.
• 犬羊兇逆 : 개와 양 또는 아주 천한 사람들로 흉악한 역적들. 여기서
는 郭令公이 물리쳤던 廻紇과 史思明같은 역적의 무리들.
• 班秩 : 行香을 할 때 계급에 따른 벌려서는 질서와 차례.
• 攫金 : 금을 움켜 도망간다는 뜻으로, 列子의 말을 인용한 것. 說符
에는 옛날 제나라 사람이 금을 좋아해서 시장의 점포에서 대낮에 훔
쳐 달아났다가 잡혔다. 이는 곧 목적을 위해 움직이다보면 주위는
아랑곳하지 않는다는 뜻이다.

전일에 보리사에 행향을 하였는데, 僕射가 지휘하여, 宰相과 더불어 兩
省臺省과 常參官을 나란히 일행으로 앉히고, 魚開府 및 僕射가 여러 군장
을 거느려, 일행으로 앉게 하였다. 만약 일시의 권위를 따른 것이라 하여
도, 역시 옳은 것은 아니다. 하물며 계속 습관적으로 쌓여, 그것을 행
하면 부당하다. 전에 郭令公은 부자의 군으로서 犬羊兇逆의 무리를 토벌
하여, 우리들이 매우 기뻐하고, 최고의 자리에 추대하지 못함을 恨하였

④

眞卿竊聞 軍容之爲人 淸修梵行 深入佛海 況乎收東京 有殄賊之業 守
陝城有戴天之功 朝野之人 所共貴仰 豈獨有分於僕射哉 加以利衰塗割 恬
然於心 固不以一毀加怒 一敬加喜 尙何半席之座哉 尺之地 能汨其志哉

〈주해〉

• 淸修 : 결백한 행실. 소행.
• 戴天 : 하늘 밑에서 사는 것. 곧 이 세상에서 生存하는 것.
• 利衰塗割 : 이해관계에 따라 움직이지 않고 窮達을 개의치 않아 명
리에 따라 행동치 않는 것.

眞卿이 듣는 바에 의하면, 軍容의 사람 됨됨이(爲人)가 佛法을 청수(淸
修)하고, 깊이 佛敎에 귀의한 사람이며, 또 東京을 회복하고, 적을 격멸시
킨 업적이 있었다. 陝西를 지키어 戴天의 공훈이 있었기에, 朝野의 사람
이 모두 공히 높이 우러러보는 바이니, 어찌 홀로 僕射에게 불평이 있으
랴. 더하여 이해에 따라 움직이지 않으니 마음이 편안하고 고요함이므
로. 고로 一毀에 노하고 一敬에 기뻐하지 않으니, 오히려 어찌 半席의 자
리나 지척의 사이에서 그 지조를 어지럽히겠는가.

다. 이에 興道의 모임을 가지었다. 僕射는 또 전에 저질렀던 잘못을 깨
닫지 못하고, 앞장서서 통솔하고 지휘하니, 班秩의 고하를 돌아보지 않
고, 文武의 좌우를 논하지도 않고, 구차하게 軍容의 태도에 마음을 맞추
어서, 일찍이 百寮의 시기함을 고려하지도 않으니, 또 밝은 대낮에 김을
움켜간 선비와 무엇이 다르리오. 심히 말할 수 없는 불합리한 것이라. 僕射는
君子는 예로써 사람을 사랑하고, 당장의 편안함을 듣지 않는다. 僕射는
그것을 깊이 생각하지 않는다.

[5]

且鄉里上齒 宗廟上爵 朝廷上位 皆有等威 以明長幼 故得彝倫敍 而天
下和平也 且上自宰相御史大夫 兩省五品以上供奉官 自爲一行 十二衛大將
軍次之 三師三公令僕 少師保傅 尚書左右丞侍郎 自爲一行 九卿三監對
之從古以然 未嘗參錯 至如節度軍將 各有本班 卿監有卿監之班 將軍有
將軍之位 縱是開府特進 並是勳官 用蔭卽有高卑 會議合依倫敍 豈可裂冠
毀冕 反易彝倫 貴者却欲爲卑所凌 尊者爲賊所偪 一至於此 振古未聞 如
魚軍容 階雖開府 官卽監門將軍 朝廷列位 自有次敍 但以功績旣高 恩澤
莫二 出入王命 衆人不敢爲比 不可令居本位 須別示有尊崇 只可於宰相師
保座南 橫安一位 如御史臺衆尊 知雜事御史 別置一榻 使百寮共得瞻仰
不亦可乎 聖皇時 開府 高力士 承恩宣傳 亦只如此 橫座亦不聞別有禮數
亦何必令他失位 如李輔國 倚承恩澤 逕居左右僕射 及三公之上 令天下疑
怪乎 古人云 益者三友 損者三友 願僕射與軍容 爲直諒之友 不願僕射爲
軍容佞柔之友

〈주해〉

- 上齒 : 禮記의 제의에 정한 바에 의하여 연장자를 우대하여 상석에 앉게 하는 것. 곧 연장자를 존경한다는 것.
- 彝倫 : 사람으로써 떳떳하게 지켜야 할 도리. 윤리.
- 參錯 : 서로 얽혀 고르지 못함. 잘못되는 형편.
- 蔭 : 선조들의 유훈 또는 가문의 영예에 의하여 관직에 오르는 것.
- 高力士 : 宦官. 睿宗 때에 內給事를 지냈고 玄宗 때는 황제의 총애를 받자 전횡을 마음대로 일삼았다. 계속 승진하여 驃騎大將軍, 齊國公에 봉해졌다.
- 聖皇時 : 唐 玄宗 皇帝 때의 시기.
- 益者三友 : 論語의 季氏편에 나오는 세 종류의 유익한 벗, 솔직하고, 성실하고, 식견이 넓은 벗과 사귀면 유익하다는 것.
- 損者三友 : 세 종류의 해로운 벗, 정직하지 못하고, 성실치 못하며, 식견이 좁으면서 말만 잘하는 것.

또 향리에서는 연장자를 상석에 있게 하고, 종묘에서는 작위가 높은 자를 상석으로 하고, 조정에서는 관위가 높은 자를 상으로 한다. 이는 모두 등급이 있어 장유를 밝히는 것이다. 고로 彝倫이 펼쳐짐을 얻어야만, 천하가 평화롭게 되는 것이다. 또 上은 宰相과 御史大夫로부터 兩省의 오품 이상의 供奉官은 스스로 일행이 되고, 十二衛大將軍에 버금가고, 三師三公 令僕, 少師保傅, 尚書左右丞侍郎이 스스로 일행이 된다. 九卿三監은 그것을 卿監의 반열이... 節度軍將에 이르러는 각각 속해있는 반열이 있고, 卿監은 卿監의 반열이 있으며, 將軍은 將軍의 자리가 있다. 비록 魚開府 및 特進者와 아울러 공훈으로써 하면 곧 높고 낮음이 있으니, 會議는 倫敍에 의하는 것이 합당하다. 어찌 冠을 찢고 冕을 훼손시키며, 彝倫을 어지럽히는 바가 됨은 이 하나로써 이에 이르노니, 옛날로부터 들어보지 못한 것이로다. 魚軍容같은 이는 비록 開府이지만 官은 곧 監門將軍으로 조정의 배열하는 위치는 자연히 그 자리가 있는 것이다. 단 공적이 이미 높고, 은택이 지대하여, 왕명을 수행하는 관리이기에 다른 사람과 감히 비교할 수 없어, 본래의 위치에 설 수 없다면, 모름지기 특별히 尊崇이 있음을 보여야 할 것이다. 오직 宰相師保의 자리의 남쪽에 한 자리를 횡으로 만들어, 御史臺의 여러 공들과 같이 知雜事御史와 별도로 一榻을 설치하여, 백료들로 하여금 공히 우러러 보게 하여야 할 것이다. 이것이 또한 기능하지 않겠는가. 聖皇 때에 開府인 高力士가 承恩을 입고서 宣傳한 것도 역시 단지 이와 같이 하였다. 橫座 또한 별도로 禮數가 있음을 듣지 못했다. 또한 하필이면 그로 하여금 자리를 잃게 함이, 李輔國같이 承恩에 의지하여 左右僕射의 자리에 있게 하여 三公의 위에 있게 하니, 천하로 하여금 의심스럽게 하느냐. 古人이 말하기를, 直諒의 益者三友요, 損者三友라 하였다. 원하건대 僕射는 軍容과 더불어서 直諒의 벗이 되기를 바라고 僕射가 軍容의 아첨하면서 부드러운 벗이 되기를 바라지 않는다.

6

又一昨裴僕射誤欲令左右丞句當尚書當時輒有酬對 僕射特貴 張目見
尤 介衆之中 不欲顯過 今者興道之會 還爾遂非 再獨八座尚書 欲令便向
下座以爲尚書之與僕射 亦恐未然 朝廷公讌之宜 不應若此 今既八座尚書
只應爲尚書之與僕射 若州縣佐之與縣令乎 則僕射見
尚書令 得如上佐事刺史乎 益不然矣 今既三廳齊列
令與僕射同是二品 只校上下之階 六曹尚書 並正三品 又非隔品致敬之類
尚書之事僕射 禮數未敢有失 僕射之顧尚書 何乃欲同卑吏 又據宋書百官
志 八座同是第三品 隋及國家 始升別作二品 高自標致 誠則崇尊 向下擠
排無乃傷甚 況再於公堂 猲咄常伯 當爲令公初到 不欲紛披 俛俛就命 亦
非理屈 朝廷紀綱 須共存立 過爾隳壞 亦恐及身 明天子忽震電含怒 責數
彝倫之人 則僕射將何辭以對

〈주해〉
• 八座 : 隨 唐시대에 左右僕 및 令. 六尙書를 八座로 함.
• 常伯 : 王의 左右에 친견하면서 항상 일에 앞장서니 三公이라 하고
  항상 위임함을 六卿이라 한다.

또 전일에 裴僕射(左僕射였던 裴冕)가 左右丞에게 尙書를 시키고자 잘
못하였다. 당시에 그 일에 대하여 가부의 문답(酬對)이 오갔는데, 僕射는
자기의 귀함을 믿고서, 눈을 크게 뜨고 바라보니, 무리들의 가운데에서는
과실을 말하려 하지 않았는데, 지금 興道의 모임에서 다시 잘못됨을 따
르려 하며, 다시 八座의 尙書를 위협하여, 낮은 자리쪽으로 향하고자 하
는도다. 州縣軍城의 禮에서도 아마 이렇게 하지 않으리라. 朝廷의 公讌
에서도 마땅히 이와같이 함을 감당치 못할 것이다. 지금 이미 八座의
니, 僕射의 뜻은 오직 尙書와 僕射가 州佐와 縣令과 같다고 응당 여길지
모른다. 만약 尙書로서 縣令과 같다면, 곧 僕射가 尙書令을 보는 것이 上
佐가 刺史에게 행함과 같다고 하겠느냐. 더욱 더 그렇지 않도다. 이제
이미 三廳이 나란히 섰으니, 刺史와 같지 않음이 족히 분명하도다. 또 尙
書令과 僕射는 같은 이품이다. 다만 상하의 품계를 비교하여 보면, 육조

의 尙書는 나란히 정삼품이다. 또 품계를 隔하고 경을 치하하는 그런 부
류는 아닌 것이다. 尙書의 僕射에 대한 일은 예법에 있어서 감히 잘못이
있을 수 없는데, 僕射가 尙書를 원하는 것이 어찌 卑吏와 같이 하기를 바
라는가. 또 宋書百官志에서 보건대, 八座는 모두 제삼품의 자리이다. 隋
와 지금의 나라인 唐에 이르러서, 비로소 특별히 이품으로 올려놓은 것이
다. 스스로를 높이고 이를 드러내어 보여서, 지극히 존숭케 하니, 아래 사
람에게 향하여서는 밀어부치니(擠排), 매우 좋지 못함이 심한 것이라. 하
물며 다시금 公堂에서 常伯을 첩박(猲咄)함에 있어서랴. 당연히 令公(郭
僕射)이 처음 맞는 일이라. 이리저리 어지러움(紛披)을 원하지 않고, 억
지로(俛俛) 명을 취함은 또 도리가 굴복됨이 아니다. 조정의 기강은 모름
지기 존립을 함께 하여야 한다. 잘못으로 그대가 무너지면(隳壞), 역시
두려움은 그 자신에게 미치게 된다. 明天子가 흘연히 震電이 노를 머금
고서, 윤리(彝倫)를 무너뜨린 사람을 책망한다면, 곧 僕射는 장차 어떤 말
로써 대답하고자 하는가.

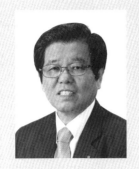

金 榮 基

忠南 夫餘 出生
號 : 霧林, 金秋, 南栢　堂號 : 隱谷齋, 陵山人
原谷 金基昇先生 師事　秉山 趙澈九先生 漢文修學
愚齋 柳寅澤 先生 漢文 師事
檀國大學校 教育大學院 漢文修學

書 歷

- 國展 第16~30回, 連8회 入選(1967~1981)
- 國展 第27, 28回 特選(1978, 1979)
- 第4回 原谷書藝賞 受賞(1981)
- 國展作家招待展(國立現代美術館, 1982)
- 個人展 8回 開催(藝術의殿堂,
　世宗文化會館, 韓國美術館(1982~2014)
- 國際展(日本, 싱가폴, 臺灣, 中國 등)
- 大韓民國美術大展(美協) 審査委員
- 書藝展覽會(書家協) 審査委員
- 書道大展(書道協) 審査委員
- 서울市文化賞 審議委員
- 申師任堂 推戴 審査委員
- 高麗大學校 最高位課程, 江南大學校,
　檀國大學校, 藝術의殿堂 書藝講師
- 霧林書 : 千字文, 般若心經, 醴泉銘, 勤禮碑,
　　　爭座位帖 出刊
- 韓國書家協會 第3代 會長 歷任
- 國際書法藝術聯合 韓國本部 諮問委員
- 國際書法聯盟 韓國代表 會長
- 韓國書道協會 會長
- 世界書藝全北비엔날레組織委員
- 韓國書藝團體 總協議會(書總) 共同代表
- 原谷文化財團理事

主要, 碑文, 懸板, 石文

- 尹奉吉 義士 史蹟碑(禮山)
- 安重根 義士 銅像 題(富川)
- 柳寬順 烈士 招魂墓 奉安紀念碑(柳寬順 烈士 祠宇)
- 節齋 金宗瑞 將軍 事蹟碑(公州)
- 獨立紀念館 語錄碑 柳寬順 烈士, 金時敏 將軍,
　李東寧 先生, 白貞基 義士, 金學奎 將軍,
　차이식 先生, 金中建 先生(木川)
- 國民과 함께하는 民意의 殿堂 石文(國會)
- 戰爭紀念館 建立紀念 石文(龍山)
- 獅子山法興寺 一柱門, 寂滅寶宮 紀念碑文(寧越)
- 月精寺 大法輪殿(五臺山)
- 扶蘇山門 통수대, 부용각, 포룡정기(夫餘)
- 百潭寺 金剛門 梵鐘樓(雪嶽山)
- 龍眼寺 大雄殿, 三聖神閣(忠州)
- 般若寺 一柱門(永東)
- 저 높은 곳을 향하여(신일교회)
- 檀國大 設立趣旨 碑文, 校訓(檀國大學校)
- 聖王像 題(夫餘)
- 金首露王 重修碑(金海)
- 朴殷植 臨時政府 大統領 語錄碑(獨立紀念館)
- 金大中 大統領 墓碑 및 追悼詩碑(國立顯忠院)
- 原谷 金基昇 先生 墓碑文
- 素巖 朴喜宅 會長 功績文(黃澗書道公園)

주소 : 서울시 서초구 서초동 무지개아파트 7동 1105호
TEL : 02-3478-1805~6　H·P : 010-5441-7604

저 자 와
협 의 하 에
인 지 생 략

霧林 金榮基
爭座位稿 〈行草〉

2014년 12월 10일 발행

글쓴이 ┃ 김 영 기
　주소 ┃ 서울시 서초구 서초동 무지개아파트 7동 1105호
　전화 ┃ 02-3478-1805~6 / H.P : 010-5441-7604

펴낸곳 ┃ (주)도서출판 서예문인화
　등록번호 ┃ 제300-2001-138
　주소 ┃ 서울시 종로구 사직로10길 17
　전화 ┃ 02-738-9880 (대표) / 02-732-7091~3(주문문의)
　FAX ┃ 02-738-9887
　홈페이지 ┃ www.makebook.net

값 9,000 원